中国現地法人の利益拡大のための内部統制

[著] 加納 尚

レイズビジネスコンサルティング株式会社
レイズビジネスコンサルティング(上海)有限公司
CEO　公認会計士

仕入業者

事業継続のための
必要最小限のコスト

当社

企業努力に対応する
最大限の収益

顧客

不要なコスト発生　　内部統制を
　　　　　　　　　利用してなくす　　収益の洩れ

利益減少　　　　　　　　　　　　　利益減少

税務経理協会

まえがき

　筆者は中国に14年間滞在し，多くの日系企業の内部統制の構築や監査に従事してきた。その経験の中で，「法則」といっていいものがあることに気づいた。
　それは，次のとおりである。

【法則】
　儲かっている（利益が出ている）企業ほど，内部統制が充実しており厳格に運用されている。
　逆に，儲かっていない（赤字が出ている）企業ほど，内部統制が杜撰（ずさん）である。

　これはなぜであろうか。次の2つの仮説が立てられる。

〈仮説1〉
　儲かっている企業は資金が潤沢にあるため，優秀な人員を高給で雇用できるし，高度なITシステム投資を行うことができる。だから，内部統制が充実している。

【仮説1の図】

　これは確かにそうかもしれない。内部統制の構築には，牽制のための従業員の雇用，ITシステムの導入及び構築をスムーズに行うための外部コンサルティング会社の活用など，相応の投資が必要である。
　ただ，仮説はもう1つ立てられる。

〈仮説2〉
　収益拡大のための内部統制や，コスト低減のための内部統制が充実し実際に運用されているから，その企業は多額の利益を獲得できている。

【仮説2の図】

　本書は〈仮説2〉に基づいている。すなわち，内部統制が収益拡大やコスト低減，資産保全に貢献することを説明することによって，中国における日系企業が利益を拡大し，従業員，仕入先，現地経済に貢献しながら企業価値を高めることを本書の目的としている。

　「内部統制」といえば，そもそもは2006年に日本で金融商品取引法が制定されたことにより，上場会社において2008年度から内部統制を連結グループで構築することが要求されるようになったものという社会的な認識がある。いわゆるJ-SOXである。この最終目的は「適正な財務諸表作成のため」であり，企業の利益拡大を直接意図したものではない。

　ただし，具体的な内部統制の業務プロセスにかかるキーコントロールを1つずつ見ると，販売価格の承認手続や顧客の与信調査，クレーム対策，滞留売掛金管理などは，企業の収益獲得に貢献するものである。

　また，購買発注手続の承認や合い見積りの入手，支払申請の承認ルール，予算実績対比分析などは，コスト低減に資する内部統制である。

　本書は，内部統制手法がいかに収益拡大やコスト低減に役立つかを解説する際にあたって，その説明方法として，在中国企業にみられる【よくある問題点】と【理想的な状況】を対比する形式とした。さらに，【よくある問題点】を体系的に分析するために，本書10ページ以降に問題構造分析図の形式で取りまとめた。

　【よくある問題点】は特定の企業における問題点ではなく，筆者の経験から複数の企業で見受けられる共通の問題点を記載している。

まえがき

　本書を手に取られた方は，中国に子会社を持つ日本親会社の方，もしくは中国に赴任している駐在員や経営層の方で，「なぜうちの中国子会社は赤字なのか（あるいは当初予想ほど利益が出ないのか）？」という問題意識をお持ちの方であると思う。そのような方々に参考となるよう，利益拡大に貢献する内部統制手法を具体的にわかりやすく説明できればと考えている。

　中国子会社の現状の把握，問題点の洗い出し，改善施策の検討と実行に本書をぜひ利用してほしい。

【仮説2から1への循環図】

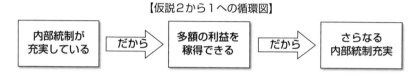

　この循環により，ひいては日中の相互理解と双方の経済発展，Win－Winの関係構築に少しでも役立てば幸甚である。

　拙筆により本書にわかりにくいところや，中国現地法人の現状の問題点の把握，改善施策の構築と運用定着に困難と疑問を感じられた方は，ぜひ筆者が属するレイズビジネスコンサルティングまでご連絡いただきたい。同社では，中国における多数の日系企業の内部統制構築及び内部統制監査にかかる成功実績と経験を蓄積している。

　連絡先は同社のホームページ（www.raiseconsult.com）のお問い合わせフォームからアクセスできる。

　末筆ながら，本書の校正，レイアウトの作成に尽力いただいた税務経理協会の大川晋一郎氏には心から感謝申し上げる。

2019年11月

レイズビジネスコンサルティング株式会社
レイズビジネスコンサルティング（上海）有限公司
CEO　公認会計士　加納　尚

目　　次

| 第1章 | 利益拡大のための内部統制の概要 | 1 |

1－1　一般的な内部統制の定義 …………………………………………… 1

1－2　「適正な財務諸表作成目的の内部統制」と
　　　　「利益拡大のための内部統制」 ……………………………………… 2

1－3　中国における内部統制（C-SOX）の概要 ………………………… 6

1－4　「利益拡大のための内部統制」のイメージ ………………………… 6

1－5　問題構造分析図 ……………………………………………………… 8

1－6　各項目における記載区分 …………………………………………… 8

　① 「収益拡大のために」または「コスト低減のために」 ……………… 8

　② 「よくある問題点」 …………………………………………………… 9

　③ 「理想的な状況」 ……………………………………………………… 21

　④ 「不正対策として」 …………………………………………………… 22

　　(1) 不正のトライアングル ……………………………………………… 22

　　(2) 不正が企業に与える影響 ………………………………………… 25

　⑤ 「適正な財務諸表作成のために」 ………………………………… 27

1－7　内部統制の限界 ……………………………………………………… 27

| 第2章 | 利益拡大を達成するための
各問題点と管理手法の説明 | 29 |

1　収益を拡大する ……………………………………………………… 29

1－1　顧客からの引合情報が一元管理なされていない ………………… 29

1－2　顧客名簿がない ……………………………………………………… 30

1－3　営業担当者が独断で値付けしている ……………………………… 32

1－4	標準販売価格表がない	33
1－5	生産前段階で原価企画が不十分	36
1－6	従業員の待遇が乏しい	39
1－7	適切な人事考課制度がない	40
1－8	重点販売対象商品が明確に指示されない	41
1－9	商品ラインナップが明確でない	42
1－10	製品種類別の粗利が厳密に算定されていない	43
1－11	事後的な値引が多い	44
1－12	担当者が独断で値引している	45
1－13	上席者の承認がない	46
1－14	顧客クレーム対策方法が制度化されていない	47
1－15	潜在顧客とのコネクションを有する営業担当者が少ない	51
1－16	優秀な開発・設計要員の給与が安い	52
1－17	資金繰り予測が明確でない	53
1－18	生産計画が担当者任せ	58
1－19	拠点展開資金が少ない	59
1－20	多額の未出荷在庫を抱えている	60
1－21	顧客への請求洩れがある	62
Column	発票とは何なのか？	65
1－22	受注残管理が組織的になされていない	67
1－23	顧客への預け在庫を未確認	68
1－24	顧客から検収データを入手していない	71

2	**売掛金の貸倒れを防ぐ**	74
2－1	売掛金の貸倒れが多い	74
2－2	顧客の与信管理がなされていない	75
2－3	売掛金年齢構成表を作成できない	78
2－4	前受金入金確認を厳密に行っていない	83

目　次

3　製造原価を低減する ……………………………………………… 88

　3－1　BOM表が明確でない ……………………………………… 88

　3－2　担当者が独断で発注している ……………………………… 89

　3－3　原材料購入に際して合い見積りを取っていない ………… 92

　3－4　新規仕入先の調査がなされていない ……………………… 95

　3－5　不良品の発生金額が集計されていない …………………… 98

　3－6　試作品・サンプル品の事前承認制度がない …………… 100

　3－7　試作品・サンプル品の事後報告制度がない …………… 104

　3－8　購買発注トリガーが不明確 ……………………………… 105

　3－9　二重発注を行っている …………………………………… 106

　3－10　発注残を確認せずに発注している ……………………… 108

　3－11　購入単価が水増しされている …………………………… 111

　3－12　購入数量が水増しされている …………………………… 115

　3－13　入庫検収作業が不十分 …………………………………… 117

　3－14　不良品を返品しても仕入代金を支払っている ………… 119

　3－15　従業員が仕入先からキックバックを得ている ………… 120

　3－16　仕入先から請求明細内訳を入手していない …………… 123

　3－17　支払申請書の確認・承認が不十分 ……………………… 124

　3－18　公平な人事評価制度がない ……………………………… 127

　3－19　架空残業代がある ………………………………………… 128

　3－20　工数管理が行われていない ……………………………… 129

　3－21　固定資産購入時に合い見積りを取っていない ………… 131

　3－22　生産予測の精度が低い …………………………………… 134

　3－23　予算管理制度がない ……………………………………… 135

4　採算管理を厳密に行う ……………………………………… 137

　4－1　製品種類別採算管理が不十分 …………………………… 137

　4－2　見積原価と実際原価が大きく異なる …………………… 153

3

4－3　計算結果が現場に開示されていない ……………………………… 155

4－4　実際原価計算が不正確 ……………………………………………… 157

4－5　原価計算方法が定まっていない …………………………………… 161

4－6　顧客別採算管理が不十分 …………………………………………… 164

5　棚卸差損を防ぐ …………………………………………………………… 166

5－1　実地棚卸残高を十分に把握できない ……………………………… 166

5－2　棚卸マニュアルがない ……………………………………………… 168

5－3　現場へのアクセス制限がなく持ち出しし放題 ………………… 174

5－4　外部預け原材料の確認が不十分 …………………………………… 177

5－5　外部預け完成品の確認が不十分 …………………………………… 179

5－6　滞留原材料が多い …………………………………………………… 179

5－7　原材料発注トリガーが曖昧 ………………………………………… 182

5－8　滞留完成品／仕掛品が多い ………………………………………… 183

5－9　生産指示トリガーが曖昧 …………………………………………… 185

5－10　原材料入庫データが不正確 ………………………………………… 186

5－11　原材料出庫データが不正確 ………………………………………… 187

5－12　完成品入庫データが不正確 ………………………………………… 189

5－13　完成品出庫データが不正確 ………………………………………… 190

5－14　仕掛品帳簿残数量がおかしい ……………………………………… 192

6　販管費をコントロールする …………………………………………… 195

6－1　販管費が過大 ………………………………………………………… 195

第1章
利益拡大のための内部統制の概要

1－1　一般的な内部統制の定義

　「内部統制とは何なのか？」「内部統制の定義は？」を書籍やインターネットで調べると，難解な定義が提示される。

　日本の企業会計審議会が平成23年3月に公表した「財務報告に係る内部統制の評価及び監査の基準」によると，内部統制の定義として下記が示されている。

　「内部統制とは，基本的に，業務の有効性及び効率性，財務報告の信頼性，事業活動に関わる法令等の遵守並びに資産の保全の4つの目的が達成されているとの合理的な保証を得るために，業務に組み込まれ，組織内の全ての者によって遂行されるプロセスをいい，統制環境，リスク評価と対応，統制活動，情報と伝達，モニタリング（監視活動）及びIT（情報技術）への対応の6つの基本的要素から構成される。」

　一読してもよくわからない文章であるが，図示すると次のとおりである。

1

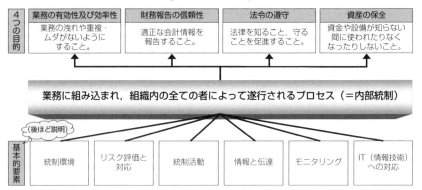

要するに,「内部統制」とは非常に広範囲な概念である。

定義の詳細の解説は他の内部統制の専門書に譲るが,概要としては,日本の法制度上(金融商品取引法)は,この内部統制の目的のうち「財務報告の信頼性」確保を主目的としており,全ての上場会社とその連結グループ会社に内部統制の構築と運用,監査を義務付けている。これがいわゆるJ-SOXである。

中国における日系企業が内部統制を構築するとき,多くの場合は上場している日本親会社の要請により構築することが多い。日本親会社が日本の金融商品取引法に準拠するために連結グループでの内部統制を構築する必要があることと,最終的に日本親会社の監査法人による監査が必要になるからである。そのため,中国現地法人における内部統制構築の依拠基準は上述の日本の企業会計審議会が公表した「財務報告に係る内部統制の評価及び監査の基準」であり,いわゆるJ-SOXに準拠した内部統制を構築することが一般的である。つまり,内部統制の主目的は「適正な財務諸表作成のため」となる。

1-2 「適正な財務諸表作成目的の内部統制」と「利益拡大のための内部統制」

ここで,上述の一般的な内部統制,換言すると「適正な財務諸表作成目的の内部統制」と,本書で説明する「利益拡大のための内部統制」の違いについて

説明したい。

【「適正な財務諸表作成目的の内部統制」と「利益拡大のための内部統制」の関係】

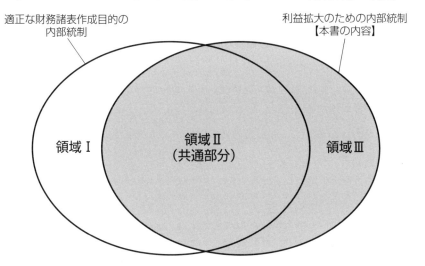

「適正な財務諸表作成目的の内部統制」と「利益拡大のための内部統制」には共通部分がある。上図の「領域Ⅱ」にあたる。

以下，具体例を挙げて説明する。販売プロセスに関して「見積書に記載する販売価格は上席者の承認サインを要する」というコントロールは，自社の製商品の価値に見合った間違いのない販売単価を顧客に提示することによって，財務会計上の適正な売上高（＝販売単価×販売数量）の計上につなげることを意図している（適正な財務諸表作成目的）。

また，同コントロールは営業担当者の独断によって本来の価値よりも低い単価で販売することを予防している。もしこのコントロールが企業にない場合，営業担当者による見積書への販売単価記載ミス（誤謬）や顧客との通謀という不正によって，本来得られるべき収益よりも低い売上高が計上される可能性がある。この統制活動がない企業に当該コントロールを導入することによって，不合理に低い販売価格の是正と収益拡大，ひいては利益拡大がもたらされる

（利益拡大のための内部統制）。

　この「販売単価の上席者による都度承認」というコントロールは，実務上相応の業務負荷を伴う。通常の企業において，顧客に見積書を提出（その修正と再提出を含む）は頻繁に行われるものであり，その都度上席者の承認サインの受領，また必要に応じて上席者への説明を行う作業を義務付けると，往々にして営業担当者の反発を受ける。

　これまでは，従業員からの内部統制への反発，つまり牽制やモニタリングコントロールを充足することによる業務負荷増大への反発に対しては，「日本では常識であるから」，「日本親会社（または日本人総総経理）から命令である」，「日本親会社の監査法人からの指摘事項であるから」などという権威を利用した従業員への指示命令によって対応しようとすることが多い。

　筆者の多数の内部統制構築支援業務における経験上では，このような権威を利用した指示命令では人はなかなか動かない，改善運用に結びつかない。その場では「ハイわかりました」と言うが，半年後に再度運用状況をチェックするとまったく改善運用がなされていない。これは中国人でも日本人でも同じであると思う。

　一方，「利益拡大のため」という理由を出して改善の必要性を説明すると，現場の従業員にも理解してもらいやすい。

　例えば，「人間には誰にも誤ることがある。あなたたち営業担当者は普段真剣に業務を行っていることは信用しているが，1人で500件，1,000件と見積書を作成していると，どうしてもそのうち数件は販売単価等の記載誤りが生じるリスクがある。販売単価を誤って高く記載した場合は顧客からの受注を得られない。販売単価を誤って安く記載した場合は当社の売上高が本来得られるべき売上高よりも減少してしまう。この場合，営業担当者の独断やミスで安く記載したのであれば，売上高の減少額を補填してもらうよう営業担当者個人に損害賠償の責任を追及しなければならない。そのような状態は皆さんは避けたいでしょう！　ですから見積書は，営業部門マネージャーのチェック，承認を経てから顧客に提出してほしいのです。」

第1章　利益拡大のための内部統制の概要

　筆者の経験上，現場の従業員たちに追加のコントロール作業を説明，説得する場合は，まずは「①　これによって会社や従業員にどのような利益がもたらされるか（利益拡大目的）」を説明し，それでも業務負荷増大に抵抗する従業員がいれば，「②　総経理からの改善指示である」という権威を利用することとしている（もちろん，事前に総経理の承諾は得る）。これにより，ほとんどの場合は改善運用に至る。

　たまに，①②をセットにして説明，説得しても改善運用を行わない者がいる。そのような購買担当者や営業担当者を購買業務や販売業務に継続して従事させると，将来自社に不測の損害をもたらすリスクがあるので，他の従業員に代替したほうがよいといえる。

　次に，上図の「領域Ⅲ」について説明する。適正な財務諸表作成目的には直接関係ないが，利益拡大に貢献する社内牽制やモニタリング手続である。

　例えば，顧客からの引合情報を社内で一元管理することによって営業担当者個人プレーではなく組織として顧客への営業戦略の構築と販売量拡大を狙うこと（収益拡大）や，必要原材料を特定するためのBOM表を明確にすることによって不要な原材料を購入しないこと（コスト削減）を意図する等である。

　別の言い方をすれば，「適正な財務諸表作成目的の内部統制」は発生した取引が正しく，洩れなく会計仕訳と財務諸表に反映されることを確保するためのコントロールである。一方の「利益拡大のための内部統制」は，取引が発生する前における収益拡大やコスト削減を意図したコントロールを含む概念であるといえる。

　最後に，上図の「領域Ⅰ」について説明する。これは利益拡大には直接関係ないが，適正な財務諸表を作成するためには重要なコントロールである。

　例えば，為替レートマスタの確認手続や固定資産の減価償却費の計上確認手続，会計伝票の承認手続などである。これらについては，拙著『中国現地法人の財務会計業務チェックリスト』（税務経理協会）に多数のコントロールが紹介されているので，こちらを参照されたい。

5

1-3 中国における内部統制（C-SOX）の概要

　中国においても上場会社には内部統制の構築が義務付けられている。根拠法令としては，「企業内部統制基本規範」財会〔2008〕7号であり，財政部から公布されている。その目的は，「企業の経営管理のコンプライアンス，資産保全，財務報告及び関連情報の真実性と完全性の保証，経営効率と効果の向上，企業の発展戦略の実現の促進」の5つと記載されている。

　中国の内部統制の目標には「経営効率と効果の向上」が含まれており，これは本書の内容である「利益拡大のため」という目的に通じるところがある。

　中国においてもC-SOXへの適応状況（内部統制評価報告書）の公表は上場会社に義務付けられている。しかしながら，中国の株式市場は外資系企業には開かれていない（2019年時点）ため，中国における日系企業が中国市場の上場会社となることはできない。そのため，日系子会社がC-SOXの適用を法令により義務付けられることはない。

　日系企業に勤めるほとんどの中国人従業員は「内部統制」というものを理解していない。日系企業が法令によるC-SOXの適用を受けない背景からすると無理からぬことであるので，内部統制の導入に際しては懇切丁寧な説明が必要である。

1-4 「利益拡大のための内部統制」のイメージ

　これまでに利益拡大に貢献するいくつかの内部統制コントロールの例を説明したが，ここで，「内部統制がなぜ利益拡大のために利用できるのか」についてイメージ的に説明したい。

　全体的なイメージを図で示すと下図のとおりである。

第1章　利益拡大のための内部統制の概要

【「利益拡大のための内部統制」のイメージ図】

仕入業者 ← 事業継続のための必要最小限のコスト ← 当社 ← 企業努力に対応する最大限の収益 ← 顧客

不要なコスト発生　収益の洩れ

内部統制を利用してなくす

利益減少　　利益減少

　本来，企業は自社の努力によって顧客から最大限の収益を獲得し，仕入業者には事業継続のための必要最小限の費用支払いを行う。その差分が利益として企業に蓄積されていく。

　ところが，内部統制が不十分であると，本来得られるべき最大限の収益の一部を取り洩れることがある。または，担当者の不注意や意図的な不正により不要，過剰なコストを仕入業者に支払ってしまうことがある。企業規模が大きくなればなるほど参加する従業員や取引先が増えるため，収益の洩れと不要なコストを完全になくすことは難しくなる。

　利益拡大のための内部統制は，これら「収益の洩れ」と「不要なコスト」を内部統制の手法を使って撲滅し，本来得られるべき利益の確保を図るものである。特に内部統制が充実しておらず「収益の洩れ」や「不要なコスト」が多く発生している企業においては，内部統制を利用することによって収益拡大とコスト低減，ひいては利益拡大を図ることができるといえる。

7

1－5　問題構造分析図

　本書において多数の内部統制コントロールを説明するにあたっては，体系図として問題構造分析図を利用した。

　中国現地法人の「Ｐ／Ｌ上の営業利益率が低い」という問題を頂点として，その理由を右側に段階的に分解している。

　分解された各問題点に対して，改善に有効な内部統制コントロールを後述している。問題構造分析図の各問題点項目に付与されている番号は，後述の記載箇所である。

　10～19ページ図の「Ｐ／Ｌの営業利益率が低い」ことの原因項目には，製品の品質や営業担当者の能力，競合他社の多寡など，内部統制に直接関連しないものがある。これらに対する改善施策ついては本書では説明しきれないため，マーケティングコンサルティング，品質管理コンサルティングや営業担当者育成コンサルティング等のその道の専門家の助けに依拠したい。

1－6　各項目における記載区分

　第2章の各問題点項目の説明においては，「収益拡大のために」または「コスト低減のために」，「よくある問題点」，「理想的な状況」の3項目を基礎とし，「不正対策として」，「適正な財務諸表作成のために」の2項目を追加項目としている。

　以下，それぞれの項目について説明する。

①　「収益拡大のために」または「コスト低減のために」

　それぞれの内部統制コントロールの趣旨を説明している。この項目のみ見れば，日本では当たり前のことを記載していると思われる。しかしながら，中国では次項の「よくある問題点」が現実に発生しているわけで，これを改善するためにはいったん基礎に立ち返って本来のコントロールの趣旨を確認しておくことが有効である。

第1章 利益拡大のための内部統制の概要

② 「よくある問題点」

　筆者が14年間中国における多数の日系企業の内部統制構築支援業務または内部統制監査業務に従事した際に，複数の企業で共通して見られる問題点を記載している。

　これら問題点を読むと，「日本ではありえない事象である」と思われるかもしれない。しかしながら，日本ではありえない，換言すると日本人には想像できない問題点があるからこそ，日本親会社や日本人総経理が抱く「なぜうちの中国子会社は利益が出ないのか」という疑問に対する答えがなかなか見つからないのである。

　「よくある問題点」を理解しやすくするために，もう少し根幹のところについて説明する。中国人の傾向として，個人主義と個人最適を重視するところがある。

9

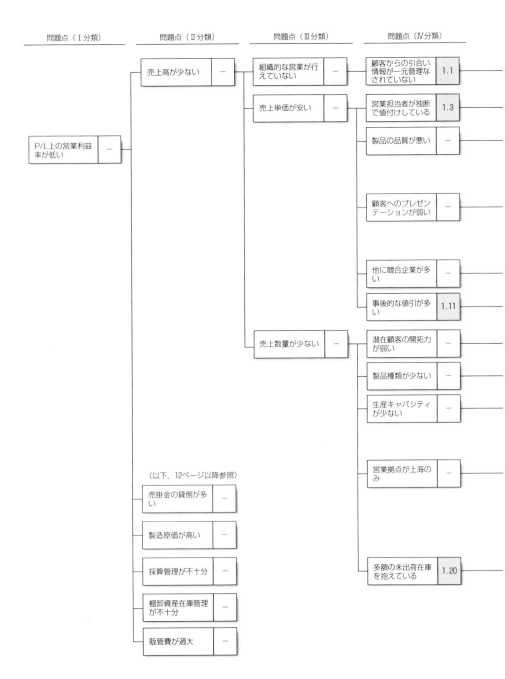

第1章 利益拡大のための内部統制の概要

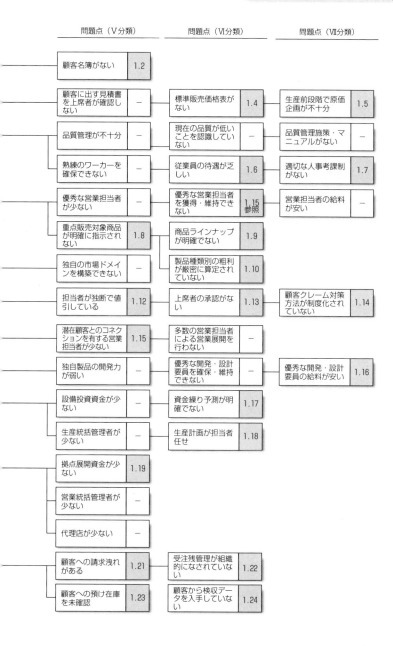

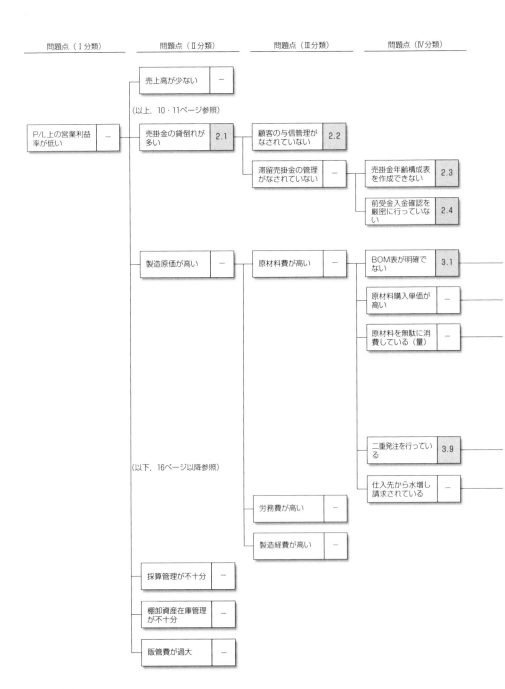

第1章 利益拡大のための内部統制の概要

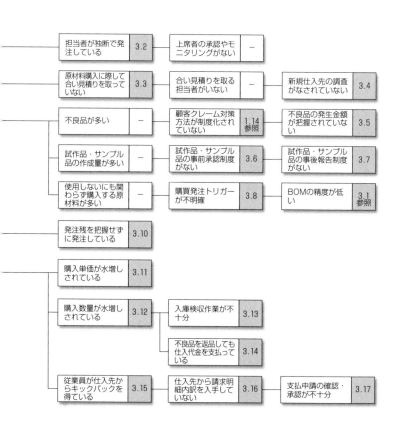

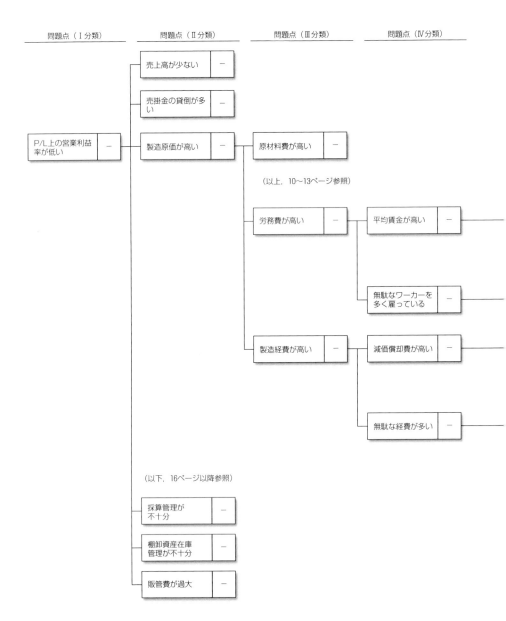

第1章 利益拡大のための内部統制の概要

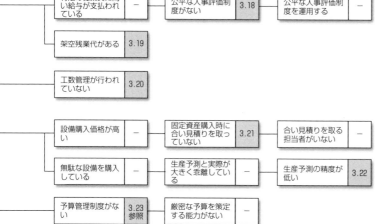

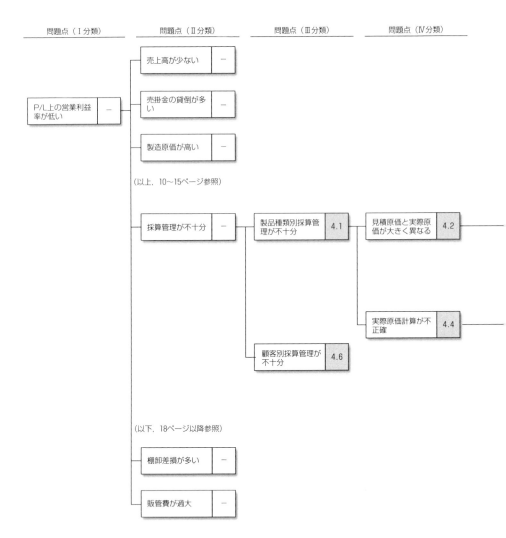

第 1 章 利益拡大のための内部統制の概要

問題点（V分類）	問題点（VI分類）	問題点（VII分類）

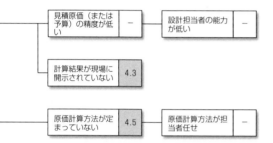

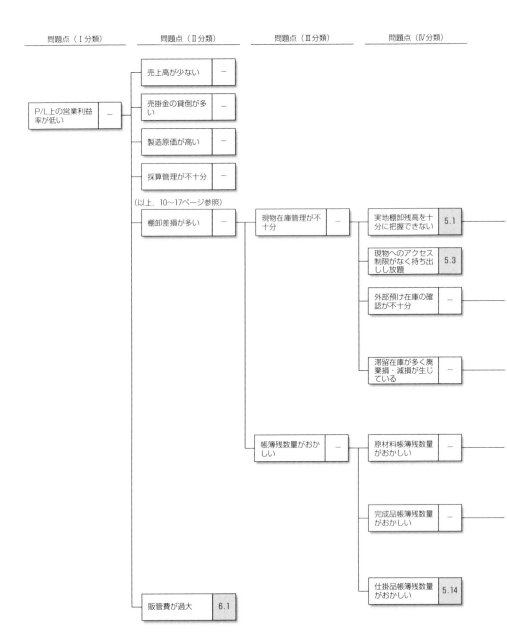

第 1 章　利益拡大のための内部統制の概要

問題点（Ⅴ分類）	問題点（Ⅵ分類）	問題点（Ⅶ分類）

棚卸マニュアルが
ない　| 5.2

外部預け原材料の
確認が不十分　| 5.4

外部預け完成品の
確認が不十分　| 5.5

滞留原材料が多い　| 5.6 　 原材料発注トリガーが曖昧　| 5.7 　 原材料発注が担当者任せ　| 3.2 参照

滞留完成品／仕掛品が多い　| 5.8 　 生産指示トリガーが曖昧　| 5.9 　 生産指示書作成が担当者任せ　| −

原材料入庫データが不正確　| 5.10

原材料出庫データが不正確　| 5.11

完成品入庫データが不正確　| 5.12

完成品出庫データが不正確　| 5.13

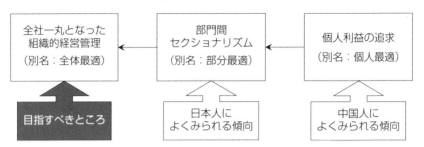

　断っておくが，上図の「日本人によくみられる傾向」と「中国人にみられる傾向」は，あくまで「傾向」であって，全ての日本人が部門間セクショナリズムを重視したり，全ての中国人が個人利益を追求するわけではない。もちろん，会社全体最適を考えて行動する日本人や中国人はまちがいなく存在する。だからこそ日本も中国もここまで経済発展したのである。

　しかしながら，会社組織の活動の中でも個人利益を追求する人の割合は日本人よりも中国人のほうが多い。ここで「個人利益」とは，次の具体例が挙げられる。

(1) 定められたことや上司からの指示以外の作業は行わない。
(2) 同僚，上司や部下の仕事内容に無関心。
(3) 同僚，上司や部下の便宜を図るための工夫を自ら考えて行動しない。
(4) 仕事の押し付け合い。責任の押し付け合い。
(5) あるいは(4)とは逆で，同僚の作業結果を信用しないため，川上から川下までの作業を全て自分1人で行おうとする。結果として，従業員間で作業の重複が生じる。
(6) 上司の指示や既存の作業方法を自分独自の判断で効率化（悪くいえば手抜き）して自身の業務負荷を低減する。その結果，会社全体のパフォーマンスの低下が生じることをあまり気にしない。
(7) 作業記録や報告書を作成しない。上司等に自身の業務結果を説明しようとしない。必要な場合はできるだけ口頭やSNSでの簡略な報告で済ませ

第1章　利益拡大のための内部統制の概要

ようとする。

(8)　業務，作業が属人的になる。その担当者がいなければ，業務，作業が進まない。

(9)　会社全体の利益に無関心。自分の給与額のみに関心がある。

(10)　不正を行い自身の経済的利益を図る。

　これらが第2章に記載する「よくある問題点」を引き起こしているといえる。販売業務，購買業務，在庫管理業務，生産管理業務の各場面において発現する具体的問題点は第2章を参照されたい。また，本書を手に取った皆様の中国子会社において，同様の問題点が生じていないかをぜひチェックしてほしい。

③　「理想的な状況」

　上記の「よくある問題点」に対して，どのように改善すればよいのかを説明する項目である。上記の問題点は全ての日系企業で生じているわけではない。適正な内部統制を構築，運用し，これら問題点，リスクへの対処，対策を講じて利益拡大を図っている事例は多い。

　改善策には，人による牽制（例：仕入先に提出する発注書は上席者の承認サインを必要とする等），ITシステムによるコントロール（例：販売単価マスタをITシステムに登録することによって，マスタにない誤った販売単価を顧客に提出する見積書に記載することを防ぐ等）に分かれる。

　中国現地法人において問題点が発見された場合，「けしからん！」，「早く直せ！」，「日本のやり方と違う！」というように上から目線で日本人駐在員や中国人従業員に指示命令する場面に幾度となく立ち会うが，筆者の経験上，これでは改善に結び付く確率は低い。

　ある事象を日本人がみると明らかに問題点と判断されるが，中国人からすると「なぜそれが問題なのか？　従来からこれで特段不都合は生じなかった」という認識をもたれることは少なくない。また，改善のためには何らかの業務負荷増大を中国人現場スタッフに受け入れてもらう必要がある。

　日系企業において，販売管理や購買管理等の実際のオペレーションを行っているのは，主に中国人担当者である。彼らが「確かに問題点である」と認識し，

21

その「改善の必要性」を認識し，「どのように改善すればよいのか」という知識を得られれば，改善運用に結び付く確率は高まる。

　問題点を発見した場合は上記の「収益拡大のために」または「コスト低減のために」，「よくある問題点」，「理想的な状況」を中国人従業員に説明してほしい。

④　「不正対策として」

　本書にて説明する各内部統制コントロールは，不正対策として有効なものが多くある。この意義もあわせて説明することとした。

　近年，海外子会社における不正が明るみになり，多額不測の損失を被ったり，日本親会社の株価下落という影響が少なからず発生している。

　特に，中国における日系企業において，多額の粉飾決算や現金預金等資産の横領といった重大な不正がマスコミで報道されている。ある統計によると，問題が報道された日本企業の海外子会社のうち44％は，中国子会社であるという。

　この背景として，①日本企業の海外子会社のうち，そもそも中国子会社の比率が高い，②単なる製造拠点という機能から，中国市場から原材料等を調達し中国市場に販売していくという多機能が中国子会社に付与されているため，不正を行いうる機会及び規模も大きくなる，ということが挙げられよう。

　ただ，これらの背景に加えて，欧米子会社と比較すると，中国の文化的な背景から不正が起こりやすい，ということは否めない。

　以下，本書の趣旨からは多少外れるが，よく話題になるので，「中国企業における不正」ということについて説明したい。

(1)　不正のトライアングル

　一般的に，不正は「動機」，「機会」，「正当化」の３つの要件が満たされたときに発生するといわれる。

　中国現地法人における不正のトライアングルを示すと，下図のとおりである。

第1章　利益拡大のための内部統制の概要

【中国現地法人の不正のトライアングル】

不正の「動機」

- ☐ 従業員間の給与の格差が大きく，会社の規程に基づく給与には不公平感がある。
- ☐ 世間の急激な生活水準の向上，物価高に対して，自身の給与のみでは生活水準向上の欲求が満たせない。
- ☐ 日本人駐在員や一部の者が上位役職を占めている。この会社で永く努力しても，上の職位に昇格することは望めない。

不正の「機会」

- ☐ 業務が個人主義の下で行われており，相互の干渉，チェックがなされない傾向がある。
- ☐ 社内のルールが明確化されておらず，各従業員の権限と責任が不明確。
- ☐ 言葉の壁により，日本人経営層と中国人現場担当者とのコミュニケーションが希薄となりやすい。部下の管理が不十分となる。
- ☐ 契約書や請求明細が中国語で記載されている場合，日本人駐在員はその内容を十分にチェックできない。
- ☐ 本人が要求しなくても，仕入先からキックバックのオファーがくることがある。

不正の「正当化」

- ☐ 他の人も不正をやっている。私だけではない。
- ☐ 私はこの業務（例：購買業務）について，任されている。総経理から裁量権限が与えられている。
- ☐ 他の企業（本人が想定する最も高い給与水準の企業）と比較して，自分の給与は安い。キックバックによってこれを補填しているだけ。
- ☐ 会社の利益が多額になると，税金も多額となるため，私が調整してあげた。
- ☐ 「それをやってはいけない」とは言われていない。

23

まず，不正の「動機」から説明する。

日本よりも中国において不正が生じやすい理由の一つとして，「圧倒的な所得格差」が挙げられる。上海の街中をみると，高級車に乗り高級マンションに住んでいる人と，そうでない人が同じ地域に居住して仕事を行っている。中国社会の中における格差のみならず，同じ企業内においても「たくさん給与をもらっている人」と「少ない給与しかもらっていない人」の差は激しい。

例えば，月の給与3,000人民元のワーカーが，毎年10％確実に昇給するとして，月額30,000人民元を得られるようになるためには25年を要する。変化の激しい中国社会においても25年先の給与額を期待して日々誠心勤務する中国人は存在するわけであるが，やはり，「手っ取り早く金持ちになりたい」という動機を持つのは無理からぬことである。

次に，不正の「機会」について述べる。

中国人の傾向として，「個人主義」が挙げられる。これは欧米人の個人主義に近い。同じ会社内，同じ部門内で仕事をしている従業員でも，隣の席の同僚や部下，上司がどのような仕事をしているかを把握していないし，関心も示さないことが多い。「自分は自分に与えられた仕事を行う」であり，隣の席の同僚や部下，上司の行っている仕事や業務内容にいちいち質問したりアドバイスを行ったりすることは，かえって差し出がましい行為と思われる。

このことが不正をやりやすくさせる。すなわち，同僚間または上司と部下の間の業務の相互牽制，相互チェックが自発的には行われないので，個人プレーによる不正を行う機会が生じる。また，誰かが不正を行って不当に多額の利益を獲得していると，「わたしもやらなければ損！」という動機にもつながるのである。

対策として，「日本人駐在員が中国人スタッフの業務内容をチェックせよ」ということがよく言われるが，これには限界がある。なぜなら，日本人駐在員が中国語を理解しない場合，中国語の契約書や請求書，支払申請書，会計帳簿などを十分にチェックすることはできない。また，中国人従業員100人に対して日本人駐在員（総経理）が1人のみという中国現地法人も多くあり，少人数

の日本人駐在員で多数のスタッフのコントロールを日々行うことは物理的にも難しいからである。

3つ目の不正の「正当化」については，本人の性格であると思う。

中国人の名誉のために言えば，不正を働きこのような正当化を行う者は少数派であり，大多数はまじめに仕事を行っている。そうでなければ，中国経済が継続的に発展し，世界第2位の規模までに達することはない。

この不正のトライアングルにおいて重要なことは，企業が不正を防止するために作用できる項目は「不正の機会をなくす」ということだけである。「不正の動機」については，中国社会における所得格差と人間の金銭欲をいち企業がコントロールできない。また，「不正の正当化」については本人の先天的または後天的な性格に基づくものであるから，日系企業がこれを矯正することは非常に難しい。

従業員間の牽制手続やモニタリングのルール化，作業トリガーの明確化という内部統制を構築し有効に運用することによって，「不正の機会をなくす」ことに貢献できる。

(2)　不正が企業に与える悪影響

余談続きになるが，日本人の間から，「中国では不正は文化の一部ではないのか。ある程度の不正には目をつぶって，見て見ぬふりをすることは『郷に入っては郷に従え』ではないのか」という意見を聞くことがある。確かに，中国古来の文化的な面はある。

しかしながら，最近は従業員による不正が企業にもたらす損失や体力の低下というものが中国系企業においても着目され，大企業ほどITシステムの導入や内部監査制度の充実などによる従業員不正対策を行っている。

不正が企業にもたらす悪影響をまとめると，下図のとおりである。

【不正が企業にもたらす悪影響】

不正の内容		悪影響
【購買取引において】 ☐ 仕入先からのキックバック ☐ 仕入先からの水増し請求 ☐ 仕入先が購買責任者の親戚 ☐ 買掛金不払い	損益・ 財務面 の影響	➢ 仕入れコストの増加，上乗せ。 ➢ 売上収益の減少。 ➢ 会社資産（預金，在庫，固定資産等）の消失。
【販売取引において】 ☐ 値引販売を利用したキックバック ☐ 従業員の親族の会社が代理店 ☐ 代金回収見込みのない売上 ☐ 前受金を受領せずに製品を出荷 ☐ 多額の無償サンプル品提供 ☐ 当社製商品を偽物にすり替え	社内風 土への 影響	➢ 一部の者だけが不当に得をする不公平感。 ➢ 従業員間のかげ口や嫉妬。社内の雰囲気の悪化。 ➢ 不正を行う役職者はYES MANしか部下にしない。 ➢ 正義感のある社員，優秀な社員が退職する。
【在庫管理業務その他において】 ☐ 原材料や固定資産の横流し ☐ 定期預金の横領 ☐ 当社と関係ない製品を生産 ☐ 架空従業員への給与支払い	社外へ の影響	➢ 会社の評判の悪化。 ➢ 真に優秀な企業との取引機会を失う。 ➢ 取引条件の悪化（仕入先から値上や前金取引を要求される等）。 ➢ 取引先からの訴訟に巻き込まれるリスク。

　つまり，不正は損益，財務面に悪影響をもたらすのみならず，社内風土や従業員のモチベーションの低下や優秀な従業員の流出をもたらす。このことは日系企業だけではなく中国内資系企業においても当然あてはまる。そのため，中国人経営者は自社における従業員不正撲滅に注力するのである。

　さらには，中国では民間企業間の贈収賄には刑事罰が科せられる（中国刑法第163条2項（民間における贈収賄罪））。この趣旨は，不正がはびこると民間経済の健全な成長や公正な市場競争が阻害され，ひいては一国経済にも悪影響をもたらすため，法令をもって刑事罰を科すものである。中国政府としても，個人リベートやキックバックという旧来の文化，悪習を払しょくしたいということである。

第1章　利益拡大のための内部統制の概要

日系中国現地法人において，「不正は中国の文化ではないのか」ということはなく，堂々と「不正は悪である」ことを明確に従業員に主張してほしい。

⑤　「適正な財務諸表作成のために」

本章の冒頭でもふれたように，そもそも日本の金融商品取引法を起点とする内部統制（J-SOX）は，「適正な財務諸表を作成し，投資家に提供する」ということが主たる目的とされている。

本書で説明する各内部統制コントロールは，「適正な財務諸表目的」の内部統制と重なるところがある。各内部統制コントロールが適正な財務諸表を作成するという目的にどのように貢献するのかについてもあわせて説明している。

1－7　内部統制の限界

内部統制に関する書籍では，必ずと言っていいほど「内部統制の限界」が説明されている。これは「利益拡大のための内部統制」にもあてはまるので，ここで説明する。

日本の企業会計審議会が公表した「財務報告に係る内部統制の評価及び監査の基準」によると，内部統制には次の限界がある。

(1)　内部統制は，判断の誤り，不注意，複数の担当者による共謀によって有効に機能しなくなる場合がある。

(2)　内部統制は，当初想定していなかった組織内外の環境の変化や非定型的な取引等には，必ずしも対応しない場合がある。

(3)　内部統制の整備及び運用に際しては，費用と便益との比較衡量が求められる。

(4)　経営者が不当な目的のために内部統制を無視ないし無効ならしめることがある。

これら内部統制の限界への対策としては，中国現地法人において内部統制を構築した後も継続的かつ有効に運用，機能しているかどうかを，外部の監査人（日本親会社の内部監査部門や監査法人，コンサルティング会社等）によって評価チェックすることが挙げられる。

27

外部の監査人による評価チェックは，いわば「外部統制」といえる。「内部統制」と「外部統制」をセットにして対処することによって，内部統制の劣化を防ぐことができる。

第2章
利益拡大を達成するための
各問題点と管理手法の説明

◥1◤ 収益を拡大する

1－1 顧客からの引合情報が一元管理なされていない

「組織的に営業活動を行う」

【収益拡大のために】

自社が取り扱う製商品を顧客に販売するという営業活動を効率的に行うためには，会社組織として営業活動を行うことが有効である。具体的には，営業部門内において顧客情報や受注データを共有し営業部長等上席者によるモニタリングと支援が行われるということである。

【よくある問題点】

営業活動が個々の営業担当者任せとなっている。営業部長等上席者によるモニタリングや営業支援が行われていない。

受注獲得は営業担当者個人の業績になるため，中国では特に各営業担当者が自分の有する顧客情報や引合情報を他者に秘匿する傾向がある。他の営業担当者や上席者に洩れることを嫌う。結果として組織的な営業活動は行われず，担当者個人能力の範囲内での受注と失注を繰り返す状況となっている。

【理想的な状況】

顧客情報や新規引合情報は，各営業担当者が社内のグループウェアに登録され営業部門内で共有されている。登録情報の中には営業担当者名が記載され，

29

のちの受注時に一義的な業績獲得功労者が明確になっている。

　顧客規模や引合金額の多寡によっては，営業担当者のみならず営業部長や総経理が顧客訪問に同行し営業プレゼンテーションを行いうる体制となっている。引合情報に対する営業方針は，営業部門一同と総経理が参加する週１度等の定期的な営業会議において検討・協議され方針が関連者に周知されている。これにより，営業担当者個人の努力のみによって失注するリスクを低減している。

　また，上席者が顧客に訪問することにより，後述する顧客への与信付与や与信限度額の判断を行う際の状況把握を行いえたり，売掛金の滞留が生じたときに顧客の相応の役職者に問い合わせたりすることも可能になる。

　営業担当者が退職しライバル企業に転職すると，担当している顧客までライバル企業に持っていかれるケースが少なくない。組織的な営業を行っていれば，営業担当者が退職しても顧客をつなぎとめることができる可能性が高まる。

１－２　顧客名簿がない

　「顧客名簿を一元管理し，当社の顧客リストを明確にする」

【収益拡大のために】

　どのような業界でも既存顧客からの受注が全体の売上の約７割を占めるといわれる。新規の見込み顧客に対する営業努力と，過去に当社の製商品やサービスを利用していただいたことがある顧客に対する営業努力を比較すると，後者の方が格段に容易であることが一般的であるからである。

　そのためには，「当社の顧客リスト」を明確にしたうえで組織的な営業を行う必要がある。

【よくある問題点】

　営業活動が営業担当者個人任せとなっていると，営業担当者ごとに自身の顧客名簿を保有しているものの，会社全体としての顧客リストが存在しなくなる。

　既存の顧客に組織的に営業を行ったほうが効率的であるにもかかわらず，営業担当者の個人プレーで新規顧客獲得に重点を置いてしまい，営業努力が散逸している。

第2章　利益拡大を達成するための各問題点と管理手法の説明

　営業担当者が退職しライバル会社に転職すると，顧客も一緒に移動してしまう。

【理想的な状況】

　既存の顧客情報は販売管理システム等にマスタ登録されている。これによりいつでも顧客リストをシステムから出力することができ，また必要な部門間で情報共有できる。また，過去の顧客別出荷高，利益率が把握されており，組織的に重視すべき重要顧客が明確になっている。

　顧客マスタを登録する際は，新規顧客調査票が作成され顧客の資本金，従業員数，業歴，経営内容等の情報が記載され，当社の取引先としてふさわしいかについて上席者の承認を得ている。承認済みの新規顧客調査表に基づきシステムに顧客マスタが登録される。

　また，販売管理システムの機能を利用して，顧客マスタに登録されていない顧客からの受注情報はシステムに入力できないし，また製商品の出荷先として選択できない仕組みにしている。

【不正対策として】

　会社組織として共有される明確な顧客リストがなければ，本来はふさわしくない取引先を営業担当者の一存で顧客とされるリスクが高まる。例えば，営業担当者や営業部長の親族や友人の会社を当社の顧客とし，そこに製商品を出荷させ横領やマージンの中抜きがなされるリスクである。

　対策として，新規顧客調査の段階において，実態のある取引先なのか，当社製商品を適切に利用する顧客なのか，また代金回収可能性はあるのかについて検討し，営業部門長に加えて最終総経理の承認とすることが望ましい。

　また，過去に取引のあった顧客であっても，数年間取引のない，または今後の取引が見込めない顧客については適時に顧客マスタから削除する必要がある。顧客が倒産し連絡がつかない場合，これを利用して当該顧客に対する出荷（実際は横領）が行われるリスクがあるからである。

31

1－3　営業担当者が独断で値付けしている

「顧客に提示する見積書に記載する販売価格は上席者の承認を得る」

【収益拡大のために】

　当たり前のことであるが，製商品の販売価格／単価は高ければ高いほど利益幅は大きくなるが，同時に失注するリスクを増大させる。適切な価格とは難しいもので，「値決めは経営そのもの」という京セラ創業者の稲森和夫氏の格言があるくらいである。顧客に提出する見積書に記載する販売価格については組織的に定められたルールに基づき設定される必要がある。

【よくある問題点】

　営業担当者が個人で値決めを行っている。粗利を稼ぐために過度に高い価格で見積書を提示し失注したり，逆に顧客からの圧力に負けて過度に安い価格で受注している。その結果，会社全体として粗利が低下するものの，営業担当者個人は会社全体の業績を知らされていないために，現状に関する問題意識をもっていない。当然いつまで経っても会社の利益が改善しない。

【理想的な状況】

　顧客に提出する見積書は営業部長等上席者が承認してから顧客に提出する。見積書には通常，見積単価，引合数量，納期が記載されるが，これらについて採算性が取れているかや実行可能であるかどうかを上席者が確認のうえ見積書上に確認サインを記載する。

　さらに，見積書上に営業部長等の承認サインが記載されていれば，顧客としても見積書記載内容を信用しやすい。

【不正対策として】

　営業担当者が独断で販売価格を設定することができることを利用して，次の不正を行うことができる。

　本来定価100元／個の商品を営業担当者が独断で70元に値引を行い，その見返りとして値引額（30元）の一部（例：10元）のキックバックを営業担当者個人に支払うよう顧客に要請することが可能になる。売り手の当社としては本来の

売上高と比較して売上減少になる。

この不正を防止するためにも，組織的な値決め承認プロセスが必要となる。

【適正な財務諸表作成のために】

損益計算書上の売上高は通常，販売単価×販売数量の計算式で算定される。会計上の販売単価は顧客からの受注時の受注単価を利用することが多い。これにより税務上の発票の発行を待たずに発生主義による売上計上を行うことができるのである。

見積書記載の販売価格（＝後の受注単価となる）が営業担当者個人の独断で決められ製商品の収益獲得能力を示さないのであれば，損益計算書上の売上高も当該企業の収益獲得能力を適正に示さなくなる。そのため，J-SOX において顧客に提出する見積書には上席者の承認オペレーションが必要とされているのである。

1－4　標準販売価格表がない

「標準販売価格一覧表を作成する」

【収益拡大のために】

上述の「1－3　顧客に提示する見積書に記載する販売価格は上席者の承認を得る」に記載したとおり顧客に提出する見積書は営業部長等上席者の承認を得る必要がある。

しかしながら，多数の顧客からの個々の引合いに対して都度販売価格／単価を検討し上席者の承認を得ることは業務負荷が著しく高くなり実行可能性がない。対策として，あらかじめある程度製商品にかかる標準販売価格を設定しておくことが有効である。

【よくある問題点】

標準販売価格一覧表を作成していないために，営業担当者は顧客の顔色を見ながら都度販売価格を設定する。上席者の承認を求めるが，上席者としても承認件数が多数になるためそれぞれの見積書単価を厳密に検証のうえ承認を行っていない。その結果，承認作業もなおざりとなり営業担当者の独断に近い販売

33

価格設定となってしまっている。

【理想的な状況】

　半年に一度等定期的に全製商品に対する標準販売価格一覧表が設定され，営業部長や総経理の承認サインを得る。

　標準単価で顧客に見積書を提出する場合は営業部長の承認を要せず，営業部長の下位者（例えば営業課長）が見積書記載の販売単価と標準販売価格一覧表記載単価の一致を確認すれば見積書を顧客に提出してよいルールとすることによって，業務負荷低減を図っている。

　ただ，顧客との取引経緯や受注量ボリュームによって標準価格よりも値引を行わなければならない場合がある。その場合のみ見積書を営業部長に回付し，値引率や値引理由について検討のうえ承認を得るルールとする。これにより営業部長は注視すべき取引に絞って実態を考慮した見積書の承認を行いやすくなる。

【不正対策として】

　上述の「１－３　顧客に提示する見積書に記載する販売価格は上席者の承認を得る」に記載したとおり，営業担当者が独断で値引を行うことにより顧客からキックバックを得るという不正が発生するリスクがある。そのため営業部長等上席者の承認を得るという牽制手法を説明した。

　次に，営業部長が自ら主導する値引販売と顧客からのキックバック取得に対しては，本項の標準販売価格一覧表を設定することで防止することが可能となる。すなわち，会社が正常利益を得るために必要なあるべき標準販売価格を設定し，総経理の承認を得る。標準価格から値引販売をする場合は「販売価格値引申請書」を作成し，値引理由を明記して所定の承認を得る。

　定期的に，販売管理システム上の実際販売単価と，標準価格または値引単価を照合し，値引単価に対して「販売価格値引申請書」が作成され，所定の承認手続がなされているか，合理的な値引理由が記載されているかを事後的に検証する。

第2章　利益拡大を達成するための各問題点と管理手法の説明

【値引売価決裁書の例】

値引売価決裁書

※　当決裁書は，顧客に対する商品販売開始前に起案する。

提出日　　　　20○○年11月8日

起案者		劉備	起案部門	営業二部		
取引会社	会社名	○○有限公司				
品名	生産工場	仕入単価(RMB)	標準売価(RMB)	値引売価(RMB)		備考
AP－01	深圳	300	500	450		
今後3年間の取引予想		当年度		翌年度	翌々年度	
		30,000個		33,000個	35,000個	

値引申請理由　（以下に記載）

・華東地域で競合他社の値引攻勢が強まり，当社製品のシェア維持のため値引を申請するものです。
・値引後売価と今後の販売見込みについては，顧客購買部長と口頭で合意しております。

入金方式		前金　　or　　発票発行後　60　日

部門責任者審議・意見	同意	
部門責任者署名	曹操	20○○年11月10日

総経理審議・意見	同意	
総経理署名	孫権	20○○年11月11日

【値引売価承認業務フローの例】

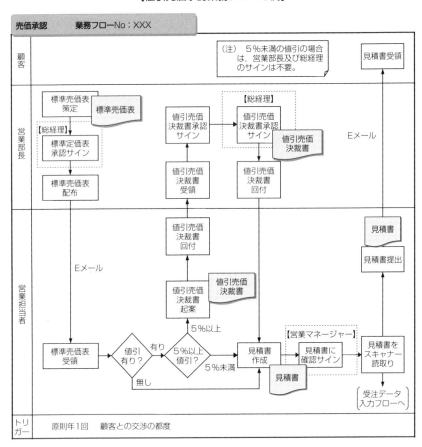

1-5　生産前段階で原価企画が不十分

「原価企画に基づき事前に採算性のある販売価格を設定する」
【収益拡大のために】

　新製品を開発・企画する場合，通常はまずその新製品の市場価格を調べる。競合他社の販売価格やマーケティング・リサーチによる調査である。市場価格が判明すれば，そこから目標利益を差し引いた目標原価が設定される。この目

標原価の予算の中で新製品を生産することができるかを事前の開発・企画段階で検討することを原価企画という。目標原価内で生産できるという目途が立てば，生産ラインの建設や労働者の雇用，原材料仕入にゴーサインが出される。

【よくある問題点】

中国市場に限らず製品を販売して赤字になるということは，事前の原価企画段階における調査・検討が不十分であったということである。当初は赤字で販売し商品認知度とシェア向上を図ってから製品ライフサイクルの後半で利益を獲得するという販売戦略の下での過渡的な赤字であれば問題ないが，いつまで経っても赤字でついには撤退という事例も少なくない。

中国人の営業担当者の場合，業績評価の対象になる「売上高」の獲得にのみ注力しがちである。対応する製造コストや原材料調達コストは，営業部門以外の部門（製造部門や購買部門）の管轄・責任であり，自分には関係のないことと考える傾向がある。営業担当者が「売上高」の獲得にのみ注力する場合は，会社の「利益」は必ずしも比例して増加しない。

【理想的な状況】

中国市場で成功している日系企業をみると，2つのタイプに大別される。

第1のタイプは製造業の川上業種で基礎原料の製造販売企業である。このタイプには日本国内で蓄積された技術力に基づき優れた品質競争力があるため，中国内でもそのままの状態で需要がある。特に中国系中間財生産メーカーとしては日本技術の原料は多少高くても購入しなければならない，安い中国原料では自社の製品品質まで下がってしまうという現状がある。そのため事前の市場価格調査や目標原価の達成可能性の検討といった原価企画は比較的に行いやすい。

第2のタイプは最終消費者に近い製商品の製造業である。質的・量的なニーズが拡大する中国市場に対して一定品質以上の製商品を提供することには十分なビジネスチャンス，つまり収益獲得機会がある。しかしながら，最終消費者に近ければ近いほど競合他社が多くなる。特に最近は中国系企業の品質向上も著しい。そのため事前の市場価格調査と原価企画による目標原価の設定，生産

37

段階における目標原価の達成は相応の困難をともなう。ただ，成功している事例（自動車，化粧品，食品など）においては，中国市場の特徴，消費者のニーズの調査にかなりの努力を費やして高い成果を手にしている。

【不正対策として】

　事前に原価企画を行い目標原価を設定していても，実際の製造段階において発生する実際原価が目標原価をかなり上回っているケースが多い。というより中国市場に進出して赤字のケースは全て事前の目算，計画のあてが外れているという状況である。

　もちろん，当初期待していた販売数量に実際販売数量が届かず，製品1個当たりの原価が高くなってしまったというケースや，事後的にライバル会社が現れ安い販売単価で供給しだしたというケース，またそもそも当初の目標原価の見積りが誤っていたケースはある。

　もう一つ考えられる要因として本項で説明したいのは，実際原価が水増しされていないかということである。自社の購買担当者と仕入業者が結託して原材料の購入単価を水増しし，正規の価格との差額をキックバックとして購買担当者が収受しているケースもある。

　対策として，当初の目標原価と実際原価を内訳ベースまで照合し，大きな差異が生じている原材料アイテムについてはなぜそのような差異が生じているのか，今後は目標原価に近い購入単価や作業工数とすることができるかどうか，継続的に検討することにより，原価の水増しリスクを低減することができる。

　赤字が生じている会社でも，意外にこの原価予実対比が十分に行われていないケースが多い。

【適正な財務諸表作成のために】

　製造原価のみならず損益計算書項目全般について予算と実績を比較することは，実績値の集計誤りや洩れを発見する糸口となる。

　当初の見積原価やその内訳項目（原材料費，労務費，製造経費等）と実際原価を比較し差異分析を行った際に，説明のつかない差異金額がある場合は会計処理の誤り，または集計洩れに気づくことができる。

第2章　利益拡大を達成するための各問題点と管理手法の説明

1－6　従業員の待遇が乏しい

「中国人従業員を雇用するにあたっては，その能力，経験及び将来期待される役割や成果を考慮して，適正に給与待遇を決定する」

【収益拡大のために】

中国では，「会社への帰属意識」や「愛社精神」が浸透しておらず，給与待遇や人間関係によって転職する。余談であるが，これは近年の日本でも同様になりつつあると思われる。

優秀な営業担当者，従業員を雇用するためには，各人の能力，経験及び将来期待される役割や成果を考慮して，適正に給与待遇を決定する必要がある。

【よくある問題点】

いまだに「中国は人件費が安い」という思い込みのもと，少しでも安く中国人従業員を雇おうとする日系企業は多い。現在の中国の沿岸地域では，従業員を雇用するために必要な本給，手当，社会保険料をあわせると日本国内のホワイトワーカーの給与を上回ることはめずらしくない。

一方の欧米企業や中国系企業では，必要な人材は驚くほどの高給で雇用する（その分，期待される成果を満たさなければ即解雇するが）。チャレンジ意欲あふれる中国人からすると，ハイリスク・ハイリターンの高給職に就こうとする。能力の高い人材ほどその傾向がある。

この中国労働市場では，能力の高い人材は「給与は安いが永く勤められる」日系企業に魅力を感じない。どちらかというと能力に自信のない人材が，安定を求めて日系企業に勤めようとする傾向がある。

【理想的な状況】

欧米系企業や中国系企業に見ならい，重要なポジションについては高給をもって有能な人材を雇用する。人材紹介会社を利用してヘッドハンティングも行っている。

高給人材を雇用するにあたっては，事前に経歴の調査（前職企業への問い合わせを含む）を行い，期待される業務内容と成果目標をジョブ・ディスクリプ

39

ションとして詳細に定義し，労働契約を締結する。

　定期的に当初の成果目標を達成しているかの評価を行い，当人にフィードバックする。

　あわせて，売上等の実績値についてごまかしや不正がないかを外部監査を利用して確認することも重要である。

1－7　適切な人事考課制度がない

　「適切な人事考課制度を設計し，適正な報酬により得た優秀な営業担当者を確保・維持する」

【収益拡大のために】

　優秀な営業担当者を雇用しても，その成果を会社が正当に評価せず，給与等待遇の向上に不満を抱かれると，優秀な者ほどやる気をなくし退職してしまう。

　優秀な営業担当者を確保・維持するためには，その成果を正当に評価し待遇の向上につなげる人事評価制度が必要である。

【よくある問題点】

　営業部門においては，受注高や売上高に基づくインセンティブ制度を設けている。あわせて，年間目標を年初に設定しているが，実態と大きく乖離した目標設定となっており，努力目標または参考目標としてしか従業員に認識されていない。

　年度が終了し目標と実績を対比するものの，ほとんどの者が目標を達成できていない。達成できていなくても，業界の平均昇給率を参考に一律6％等の昇給がなされる。

　従業員としては，がんばった者とそうでない者の差があまりないためやる気を失う。優秀な者はより良い待遇と新たな機会を求めて他社に転職する。

【理想的な状況】

　従業員の職位別に業績評価基準が定められ，対応する従業員に周知されている。また，定期的に実績値との照合がなされ，各従業員にフィードバックされている。成果を挙げた者は待遇の向上に反映され，会社と従業員のさらなる成

長につながっている。

中国においても日系企業向けに様々な人事コンサルティング会社が存在し，人事評価制度パッケージの提供，導入支援，考課者研修まで行っている。インターネットで検索すれば複数の候補が挙がるので，比較検討のうえ人事コンサルティング会社を利用することも有効である。

【不正対策として】

中国において営業担当者に支給するインセンティブ計算過程や業績評価の指標として最も重要なのは，販売代金回収額である。日本企業におけるような「受注額」や「（会計上の）売上高」を評価基準とする場合，目先の自己のインセンティブを重視して，売掛金の回収可能性がなくても，また顧客の与信評価を無視してでも無謀な受注や過度の押し込み販売が行われるリスクがある。架空売上が計上される背景にもなる。

営業担当者の業績評価は販売代金回収額を基準とし，顧客からの「前受金・売掛金入金額」を財務部門が確認しなければ評価されないこととすることが肝要である。

1－8 重点販売対象商品が明確に指示されない

「重点販売対象商品を営業担当者に指示する」

【収益拡大のために】

重点販売対象商品とは，販売戦略に基づき重点的に顧客にサジェスチョン（提案）を行う商品である。通常，利益率の高い商品や中長期的にシェアを伸ばすことを意図した商品である。

重点販売対象商品を営業担当者に明確に指示することによって，営業担当者は会社の販売戦略を理解したうえで日々の営業活動を行うことができる。

【よくある問題点】

営業担当者に重点販売対象商品を指示していない。そもそも重点販売対象商品が選定されていない。その背景として，販売戦略がない，または現状の実態に即していないことや，製品種類ごとの単位原価や粗利が厳密に算定把握され

41

ていないため重点販売対象商品を選定することができないことが挙げられる。

この状況で営業担当者が優先的に販売する商品は，顧客が要求する商品や営業担当者自身が熟知している商品である。これらは売上ボリュームは獲得できたとしても必ずしも自社にとって「利益」の増加をもたらすとは限らない。

【理想的な状況】

中長期的な販売戦略と製品種類別の粗利分析によって，優先的に販売すべき重点販売対象商品を明確にする必要がある。そのためには，会社組織としての販売戦略が構築されている必要があり，また製品種類別や顧客別の採算性を評価するためには適正な原価計算制度も構築されている必要がある。

1－9　商品ラインナップが明確でない

「顧客への提案を組織的に行うために，商品ラインナップを明確にする」

【収益拡大のために】

一般的にB to Cの取引であれば商品ラインナップを明確にしやすい。例えばレストラン経営の場合，あらかじめ料理の品目と料金をメニューに記載し，顧客はその中から選択するという方式で取引が成立する。数あるメニューの中でも特に自社が得意とする品目を明記し，その付加価値に合うと想定される料金額を記載する。これにより店員は顧客に対しておすすめ料理品目を明確に提示することができる。

【よくある問題点】

一方，B to Bの取引の場合は必ずしも商品ラインナップが明確にならないことがある。背景として，取引成立のためには顧客の要望を受け入れ，自社の製商品のカスタマイズや製造工程の変更を頻繁に行うことがあるからである。

試作品の評価，売買価格の交渉，納期の確認等を時間をかけて行う過程で，顧客の要望に引きずられ自社が得意とする領域からずれた品物を安く提供しなければならなくなる。また，カスタマイズが大きいと毎回新製品を生産するような状況になり，製造現場のワーカーの学習効果や経験曲線によるコスト低減を享受できない。

第2章　利益拡大を達成するための各問題点と管理手法の説明

【理想的な状況】

「自社が強みとする製商品品目は何か」を明確にしたうえで各営業担当者に指示，教育することが望まれる。これにより営業担当者は自社の強みを活かした顧客への提案・サジェスチョンを行いうる。

もちろん，顧客の要望にあわせて自社製品のカスタマイズを行うことは重要である。ただその場合でも自社の強み・付加価値の高い領域を独断で外さないことを営業担当者に認識してもらうことも重要であると考える。

1－10　製品種類別の粗利が厳密に算定されていない

「適正な原価計算制度を構築する」

【収益拡大のために】

1－8項に記載した「重点販売対象商品を営業担当者に指示する」を行うための前提として，製商品種類別の粗利，採算性の優劣が明確になっている必要がある。そのためには，原材料費，労務費，製造経費から成る製造原価を適正に集計し，これらを各製品種類に適正に配分する原価計算制度が構築されていなければならない。

【よくある問題点】

製造企業において原価計算の精度は常に論点となるが，精度が低いケースが意外に多く見られる。

原因として，会計担当者に高度な原価計算制度を構築する能力・経験が乏しいことが挙げられるが，さらに大きな要因としては，製造原価に関連する各部門（購買部，倉庫管理部，生産管理部，製造部門等）が適正に算定・集計された諸元データをタイムリーに会計担当者に提供していないことが指摘される。

中国では，財務会計部門は間接部門として他の現業部門よりも発言力が弱い傾向がある。そのため，会計担当者が他の部門に指導性を発揮して必要データの追加要求や集計方法の変革にまで意見することはまれである。

会計担当者としては現状で入手しうる乏しい諸元データに基づき，なんとか原価計算を行っているという状況になってしまう。

43

これでは，分析と販売戦略に資する原価計算，製品種類別採算性の把握ということにはつながらない。

【理想的な状況】

製品種類別粗利計算のための適正な原価計算制度構築方法については，後述の採算管理の章「4－1　製品種類別採算管理が不十分」を参照されたい。

1－11　事後的な値引が多い

「過去の値引事例を原因分析し対策を検討することによって，今後は事後的な値引が生じないようにする」

【収益拡大のために】

上述の「1－4　標準販売価格表がない」においては，事前の標準販売価格表設定の必要性及び見積書作成段階における値引について上席者の承認が必要である旨を説明した。本項では，製商品販売後の事後的な値引の統制について述べる。

中国でB to BあるいはB to Cで製商品を販売する場合，顧客から事後的な値引を要請されることが少なくない。悪い言い方をすれば「あとで難癖つける」ことによって，売掛金を減額するよう要請されるということである。

自社としてはこのようなことがないように，事前の見積段階や契約段階において製商品の品質，取引・受渡し条件について明確にしておくことが通常である。

【よくある問題点】

「お客様の要求だから」ということで営業担当者が安易に事後値引を承諾してしまう。原因が顧客からの品質クレームや物流クレームである場合，これらは他部門（製造部門や物流部門）の責任であって営業担当者自身の責任ではないと思っている。営業担当者としては顧客のつなぎとめが重要であるから，多少の値引額が会社の売上・利益減少をもたらしても営業担当者の判断で値引を承諾してしまう。

44

第2章　利益拡大を達成するための各問題点と管理手法の説明

【理想的な状況】

　事後的な値引を行う際には，その原因と今後の対策をクレーム管理表の書面で明確にする必要がある。これにより，よくあるクレーム内容，クレーム顧客が浮き出され，今後の対策に活用できる。

　事後値引の上席者承認については次項「1－12　担当者が独断で値引している」，クレーム管理表については後述の「1－14　顧客クレーム対策方法が制度化されていない」を参照されたい。

1－12　担当者が独断で値引している

　「事後的な値引申請についても都度上席者の承認を得る」

【収益拡大のために】

　販売単価について事前に上席者の承認を得ていても，クレーム対応や顧客の要請による事後的な値引を営業担当者個人の判断で行えるのであれば，収益性阻害の要因はなくならない。

【よくある問題点】

　前項の「1－11　事後的な値引が多い」に記載したとおり，営業担当者個人の判断で行っている。「お客様の要請であるから」という大義名分と今後の失注をおそれて，顧客の強気の要請に負けてしまう。また，自身が担当する顧客との間でトラブルが発生してることを秘匿し自分のみで解決しようとする。

　中には口頭で顧客に値引を約束するものの上席者や会計担当者にその旨を伝達しない。そのため顧客からの入金額が売掛金額に満たず，少額の滞留売掛金として放置されている事例もあった。

【理想的な状況】

　品質不良や納期遅れ等のクレームにより事後的な値引を行わざるを得ない場面はある。その場合でも，クレームの原因が本当に当社に帰すべきものであるかを組織的に検討のうえ，承認を得て値引を行う必要がある。

　値引に際しては，「事後値引申請書」を起案し，値引の理由，値引額，今後の対応等を記載のうえ上席者の承認サインを得る。そのうえで，顧客に値引を

45

伝達する。

　顧客からのクレームに対しては「クレーム管理表」を作成し，クレームの内容，原因，今後の対策を記載し上席者の承認を得ることが有効である。「クレーム管理表」については後述の「1－14　顧客クレーム対策方法が制度化されていない」を参照されたい。

【不正対策として】

　営業担当者は顧客から現金で売掛金代金を収受しておきながら，上司や会計担当者に「顧客から値引された」と伝達することによって値引額に相当する現金を横領されるリスクがある。

　対策として，「事後値引申請書」や，品質不良について品質管理部門が作成した「クレーム管理表」がなければ事後的な値引を認めないルールとすることが考えられる。

【適正な財務諸表作成のために】

　「事後値引申請書」は会計担当者にも回付され，売掛金／売掛金の減額の会計処理の根拠資料とする必要がある。営業担当者からの口頭やEメールに基づく安易な売掛金減額処理は，会計担当者として拒否すべきである。

　値引事実の伝達漏れによる売掛金回収漏れについては，定期的な売掛金年齢構成表をモニタリングすることによってコントロールする。

1－13　上席者の承認がない

　「事後の値引については上席者がその可否を判断する」

【収益拡大のために】

　顧客からのクレームによって事後的な値引や返品受入れが発生する場合，その原因が本当に当社の責めに帰するものであるのかを組織的に検討したうえで受け入れる必要がある。もしかすると顧客側の発注誤りや，運送業者による運送中の破損によるものであるかもしれない。前者に対しては顧客にその旨申し入れて値引や返品受入れを拒否する，後者に対しては運送保険会社に求償することによって収益の減少を防止できる。

第2章　利益拡大を達成するための各問題点と管理手法の説明

【よくある問題点】

　営業担当者が適時に顧客クレームを上席者に報告しているとしても，どのように対応すべきかを判断できない上司がいる。品質クレームや物流クレームについては品質管理部門，製造部門，物流部門の協力を得て的確な原因分析と対策を検討する必要があるが，部門間セクショナリズムのため，または個人間の責任の押し付け合いになることをおそれて，部門横断的な原因調査を行わずに顧客の値引に応じてしまう。または部下の営業担当者に具体的な指示を与えず対策を任せっきりにしてしまうため，値引頻度が増えてしまう。

【理想的な状況】

　顧客からのクレームは自社が成長するためのよい機会であると前向きにとらえ，組織的に対応することが望まれる。

　クレームについては隠すことなく，また特定個人や部門の責任追及に終始するのではなく，品質管理部門，製造部門，倉庫部門，物流部門，営業部門，経営層が連携して原因分析と今後の対策を講じる必要がある。

　そのためには，営業部門上席者は各部門に対してクレーム事実を整理して各部門に提供し，問題解決に向けての協力を得ることができる，コミュニケーション能力が備わっている必要がある。

1－14　顧客クレーム対策方法が制度化されていない

　「顧客からのクレームに対してはクレーム管理表を作成し，関連部門間での情報共有と上席者による承認を行う」

【収益拡大のために】

　重ねて記載するが，顧客からのクレームは企業が成長するための貴重な機会である。しかしながら，中国ではクレームを忌避し，なかったことにしよう，という風潮がまだ根強い。

　2014年に中国のマクドナルドが賞味期限切れの食材を利用していたことを公表した際，中国内一般消費者の反応には「マクドナルドは正直に事実を公表した。今後は対策が講じられるはずであるからかえってマクドナルドは信用でき

47

る。他の中国食品会社の方があぶない」という意見が多くあった。

　顧客からのクレームに誠実に対応し，有効な対策を講じることによって顧客の信頼を得て，継続的な取引発展に役立てることは特に中国においても有効といえる。

【よくある問題点】

　クレームの対策が営業担当者個人に任されている。顧客に対して，「当社の商品はそういう品質（のもの）です」という回答しかしない。当然，当該顧客からのリピート受注は得られなくなる。クレーム管理表も作成されていない。

【理想的な状況】

　クレーム管理表を作成し，顧客の主張，原因分析，今後の対応，不良品の回収と良品の再出荷の一連のオペレーションを明確にする。

　また，クレームの内容に応じて，品質管理部門，生産部門，物流部門等の関連部門とクレーム管理表を共有する。重要なクレームについては，週次／月次の経営会議で取りあげ，会社組織としての対策を検討する。

　なお，顧客からのクレームが営業担当者に入る場合，営業担当者がその情報を秘匿してしまうリスクがある。対策として，営業担当者の名刺や会社のホームページに「お客様相談室」の連絡先を記載し，クレームは営業担当者ではなく「お客様相談室」に直接入るようにすることによって，クレーム管理表の作成洩れを防いでいる企業もある。

第2章　利益拡大を達成するための各問題点と管理手法の説明

【クレーム管理表の例】

クレーム記録票

No.

総経理	部長	課長	作成者

クレーム受付日	20XX 年　2 月　14 日　10 時　15 分	
顧客名		
クレーム内容	■ 品違い　　□ 不良品　　□ 数量誤り □ 納期遅れ　　□ その他	【顧客からのクレーム内容の詳細を記載】

原　因　分　析
【調査の内容】
【調査結果】 □ 営業課による出荷指示誤り　　　□ 品質不良　　　□ その他 ■ 倉庫による箱詰め誤り　　　　　□ 客先の錯誤
【調査結果の詳細を記載】
【顧客への対応】 ・顧客の担当者に連絡し，早急に代替品を出荷することを伝えた。 ・誤出荷の製品を返送していただくよう依頼した。
【社内の対策】 ・倉庫担当者○○から罰金30元を徴収した。 ・修正後の出庫票を作成するよう倉庫担当者に指示した。 ・物流部課長に倉庫配置図と実際の商品置き場を再確認するよう依頼した。

回復オペレーション確認		実施者
誤出荷時の出庫票の入手	□ 済み　　出庫票番号	
代替品出荷に伴う送貨単の発行	□ 済み　　送貨単番号	
代替品出荷に伴う出庫票の入手	□ 済み　　出庫票番号	
返品入庫に伴う入庫票の入手	□ 済み　　入庫票番号	

添　付　資　料

（『中国現地法人の財務会計チェックリスト』（税務経理協会）より引用）

【不正対策として】

　不正に関する重要な情報が顧客からもたらされることがある。具体例を挙げると次のとおりである。

① 　商品の品質がいつもと違う。

② 　請求書記載の振込先銀行口座が先月から変更になっている。

③ 　発票の発行社名が貴社（本来の売り手会社名）と異なる。

④ 　営業担当者が値引を口頭で約束してくれたにもかかわらず，請求書金額は値引前である。

　上記①について，本当に自社の工程ラインで生産した製品に問題があることはあるが，意図的にＢ級品や不良品を顧客に良品と偽って出荷する，本来出荷すべき良品は会社とは関係のない第三者に横流ししている可能性がある。

　この不正とは別に，顧客からの受注を当社の正式受注受付ルートにのせず（受注がないこととし），営業担当者の親戚や友人の（当社とは関係ない）会社で生産したコピー製品を当社の顧客に出荷する事例もある。この場合，顧客からの回収代金が当社の正規の銀行口座に振り込まれてはならないので，上記②，③の手法を利用して受入れ銀行口座を変更するのである。

　また，上記④の情報がもたらされた場合は，上席者の承認なく営業担当者が独断で不要な値引を行っていること，ひいては値引額の一部を営業担当者が顧客から受け取っている（販売取引におけるキックバックを行っている）のではないかと疑う必要がある。これについては，営業部長や経営層が顧客に訪問し事情をヒアリングすることによって多くは不正事実が判明する。

　これら顧客からの重要な情報を営業担当者や営業部門内で秘匿されたり握り潰されては困る。そのため，独立部署として（総経理直轄が望ましい）「お客様相談室」を設置し，連絡先を広く顧客に周知することが有効である。

【適正な財務諸表作成のために】

　クレームの内容によっては，顧客からの損害賠償請求や納品・据付けのやり直し等重大な事態に発展することがある。その場合，内容と原因を検討し，当社に非がある場合は損害賠償額の見積りと会計上の損失引当金計上を金額的重

要性に応じて行う必要がある。

　損害額の見積りに際しては，顧客の主張，当社内部の調査結果，技術的な内容，今後の対策，過去の判例や弁護士の意見等によって左右されるため通常財務会計部門のみでは適正に見積もることができない。経営層を含めたクレームへの組織的な対策の中で，損害額を適正に見積もり，財務会計担当者に伝達する。

1－15　潜在顧客とのコネクションを有する営業担当者が少ない

　「中国市場で製商品販売を拡大するためには，潜在顧客とのコネクションを多く持つ営業担当者（タレント）をヘッドハンティングするのがてっとり早い」

【収益拡大のために】

　中国では縁故社会が根強く，特に地方ではいまだに「製商品は信頼できる縁故者から購入する」という意識がある。近年では経済発展にともない都市部のＢ to Ｃにおいてはその傾向は薄れたが，Ｂ to Ｂの取引においては都市部でも縁故間の取引が重要視される。

　中国から見て外国である日本からの製商品・サービスを中国市場で販売する場合，いかに日本国内で知名度がある企業でもこの中国内の縁故社会を軽視すると販売力が極端に落ちることがある。日本の高品質かつブランド力がある携帯電話や家電製品が中国内市場で苦戦している状況は，主な要因として販売価格が高い（売値に輸入関税が含まれてしまうため）が挙げられるが，この縁故社会をうまく活用できていないということも原因の一つであると筆者は考えている。

【よくある問題点】

　日本国内で開発した高品質やブランド力に頼っても，その業界の縁故社会のネットワークに入らないため中国内ではたいして売れない。「日本製」と商品パッケージに記載しても，中国では偽物が多いため，初対面の営業担当者が本当に信頼できる日本製商品を供給してくれるのか容易には信用されない。

【理想的な状況】

その業界の実績と経験のある営業担当者をヘッドハンティングで雇用する。中国国内の人材紹介会社に候補者の人選を依頼すると積極的に捜索してくれる。従業員や中国内の知人の縁故をたどって営業タレントに行きつく場合もある。

ただしデメリットもある。その業界の有能な営業タレントであるほど給与が高い。日本親会社の営業部長の年収を軽く超える給与を要求されるケースがある。

また，中国現地法人の既存の営業担当者や営業部長の給与も超えることになるので，長年勤務している営業担当者との給与バランスに悩む総経理が多い。

著名な営業タレントであるほど，自分が売りやすい日本の大手ブランドメーカーの商品を扱いたがる。ブランド力のない中小メーカーの中国現地法人には就職したがらない。さらに，高給を付与したものの当初期待した業績が達成されない場合は，その後の営業タレントの人事上の取扱いが難しくなる。

ちなみに欧米企業では，営業タレントを高給で雇用するものの採用時に合意した業績結果を達成できない場合は，容赦なく解雇し次の営業タレントを模索するようである。

1－16　優秀な開発・設計要員の給与が安い

「重要な役職者については，業界の平均給与を調査のうえ十分な給与を提供する」

【収益拡大のために】

特にＢ to Ｃ商品である場合，日本の商品をそのまま中国市場に供給するのではなく，中国人の嗜好や生活にマッチしたカスタマイズを行うことが有効な場合が多い。

例えば，ハウス食品が中国で販売するカレールウの商品パッケージのカレーの色は日本のそれと異なるし，アサヒビールのアルコール度数は日本のそれより低く設定されている。これらは中国の消費動向，消費者や小売店舗，飲食店等の意見を数多く調査，収集し改良した結果である。

第2章　利益拡大を達成するための各問題点と管理手法の説明

　筆者は中国に10年以上在住しているが，中国においては優秀な人材とそうでない人材の能力差が非常に大きい。日本でもその傾向があるが，13億人の人口をかかえる中国では特にその傾向が強いように感じられる。

　当然であるが，できるだけ優秀な人材を雇用し，当社製商品の開発，設計，改良に従事してもらうことが重要である。

【よくある問題点】

　業界の平均給与よりも低い給与しか提示しないため，優秀な人材を雇用することができていない。日本では，特に生産技術について先輩方や上司から細かく指導してもらい技術を習得すると，これを恩義に感じて長く当該企業に勤めるということが期待されるが，中国ではその意識は薄い。

　日本人駐在員や日本からの出張者が日本の技術を手取り足取り教えて，やっと一人前になったと思ったところで，辞表が提出され他のライバル企業に高給で転職してしまう。

【理想的な状況】

　業界の給与水準を調査し職位に見合った給与待遇を提供することに加え，また技術の獲得，能力の向上に応じて将来給与待遇が上がっていくことを従業員に提示する。これによって，ライバル会社が提供する目先の高給提示に誘惑されることを防ぐ。

　業界の平均給与年収については，中国国家労働統計年鑑（中文：中国劳动统计年签）が国家統計局から出版されている。業種別，地域別，学歴別等に平均年収が統計されているので参考にされたい。

1－17　資金繰り予測が明確でない

　「資金繰り予測・計画は，社内各部門から横断的に情報を収集する」

【収益拡大のために】

　資金繰り予測を作成し，これに基づく経営を行うことによってフリー・キャッシュフローを確保し，将来の設備投資につなげることは，全ての製造業において重要である。近年はファブレスにより自社工場を持たずに製造の全部

53

または一部を外部に委託する方式もあるが，中国で日系企業が自社の品質基準を確保するという観点からは，できるだけ自社工場を充実させることが無難である。

十分な資金を投資し生産キャパシティを拡大することによって，市場の需要拡大に応じた供給・売上拡大が可能となる。

【よくある問題点】

生産キャパシティ拡大のための追加設備投資資金を，全て日本親会社からの増資や借入に頼っている。中国子会社が赤字で余剰資金がたまらない一方，需要拡大に対応しなければならないケースである。

日本親会社から中国子会社の経営層に対して「将来の資金繰り予測は？」と常々問い合わせているが，一方の変化の激しい中国市場を相手とする中国子会社では精度の高い資金繰り予測を作成できないため，保守的に悲観的な資金繰り計画を作成し日本本社に報告している。

精度の低い資金繰り予測は，日本人駐在員（総経理）が自分自身で，または財務マネージャー等少数の人員で作成している場合が多い。その背景として，将来自社がどの程度の利益を獲得できるかという情報は中国人スタッフに知られたくない，また中国人スタッフも将来自社においてどの程度のキャッシュ・イン・フロー，キャッシュ・アウト・フローが発生するかについて関心がない（目前の日々の業務にのみ関心がある）という状況がある。

【理想的な状況】

資金繰り予測については，社内の購買部門，生産管理部門，営業部門，人事部門等の各部門が自身で管轄するキャッシュ・アウト・フロー及びキャッシュ・イン・フローを予測し，財務会計部門で資金繰り計画表として取りまとめる。各部門からの諸元情報なしに財務会計部門のみで資金繰り予測表が作成できることはない。

中国人の部門役職者やスタッフに，「将来1年間の資金繰り予測を作成してほしい」と指示すると，たいてい「そんなのできません。将来の資金繰りなどわかりません」と回答される。営業でいえば，顧客からの受注や入金は顧客が

第2章　利益拡大を達成するための各問題点と管理手法の説明

決めるものであり，それを営業担当者や役職者が将来1年間分も予測するなどできない，という（だから，日本人総経理がしかたなく自分で日本親会社報告用に作成せざるをえなくなり，精度が低い分保守的かつ悲観的な資金繰り計画表になってしまうのである）。

　確かに，中国市場において（日本市場においてもそうであるが），将来の受注予測や生産数量予測，原材料等の購買予測を精度高く行い，フリー・キャッシュ・フローを的確に予測することは困難である。しかしながら，既存の顧客の状況，ライバル企業の情報，原材料市場の状況等を調査し，短期的な需要予測と長期的な販売目標を組み合わせて将来の資金収支予測を作成することは，どの企業においても求められることである。役職者には自身が管轄する分野において将来の予測と実績との対比，差異分析によるPDCAサイクルを回すことが求められ，またその能力を身につけるために教育研修を受けさせる必要がある。これにより，フリー・キャッシュ・フローの蓄積と次世代への設備投資と生産キャパシティの拡大が可能となる。

　なお，本項では資金繰り予測の作成について説明したが，もう一つ損益予測・計画というものがある。こちらについては会計上の発生主義の概念が入るため，各部門から収集した資金繰り計画表を取りまとめたうえで，財務会計部門において損益計画を作成することが現実的である。

【不正対策として】

　将来の資金繰り予測と実績を対比し，差異の分析を行うことは不正防止にもつながる。予算実績差異に説明のつかない差異，生じるはずのない差異がある場合，売上でいえば不当な値引によるキックバック収受，購買であれば意図的な高値での購買による仕入先からのキックバック収受，原材料等在庫の横領などが疑われる。

　予算と実績の間に差異が生じることは通常であるが，差異分析を行い，説明のできない差異が生じていないかをモニタリングすることは，不正防止のための従業員に対する牽制になる。

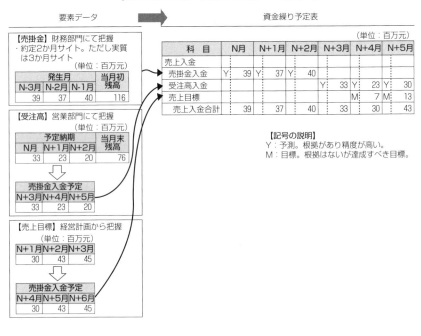

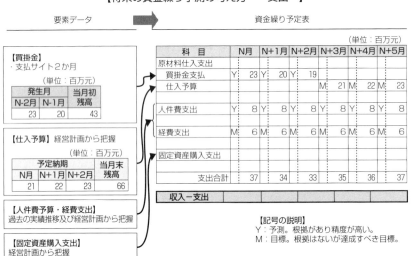

第2章　利益拡大を達成するための各問題点と管理手法の説明

【各部門から収集する資金繰り予算実績対比表の例】

物流部 （単位：人民元）

	1月		2月		3月		4月	
	予算	実績	予算	実績	予算	実績	予算	実績
売上収入								

人事部 （単位：人民元）

	1月		2月		3月		4月	
	予算	実績	予算	実績	予算	実績	予算	実績
売上収入								

購買部 （単位：人民元）

	1月		2月		3月		4月	
	予算	実績	予算	実績	予算	実績	予算	実績
売上収入								

営業部 （単位：人民元）

	1月		2月		3月		4月	
	予算	実績	予算	実績	予算	実績	予算	実績
売上収入								

全社 （単位：人民元）

	1月		2月		3月		4月	
	予算	実績	予算	実績	予算	実績	予算	実績
売上収入								
その他収入								
作業屑売却収入								
固定資産売却収入								
収　入　合　計								
製造支出								
原材料購入支出								
購買運送費支出								
労務費支出								
基本給支出								
残業代支出								
手当支出								
社会保険料（会社負担分）								
経費支出								
従業員福利支出								
低額消耗品支出								
労働保護費支出								
水道光熱費支出								
工場賃借料支出								
出張費支出								
修繕費支出								
雑支出								
販売費用支出								
経費支出								
出張旅費支出								
交際費支出								
雑支出								
管理費用支出								
労務費支出								
基本給支出								
残業代支出								
手当支出								
社会保険料（会社負担分）								
経費支出								
従業員福利支出								
事務用品購入支出								
労働保護費支出								
水道光熱費支出								
事務所賃借料支出								
出張旅費支出								
修繕費支出								
雑支出								
財務費用支出								
支払利息支出								
固定資産取得支出								
機械設備取得支出								
事務用設備取得支出								
支　出　合　計								
差　引　収　支								
借入金月初残高								
借入金当月増加額								
借入金当月返済額								
借入金月末残高								

1－18　生産計画が担当者任せ

「策定した生産計画は，製造部門のみならず営業部門，購買部門，倉庫部門，財務会計部門等の関連部署にタイムリーに伝達するべき」

【収益拡大のために】

　いくらたくさんの受注を営業部門が獲得してきても，生産と出荷が追いつかなければ収益獲得につながらない。

　生産計画や製造工程の状況は，営業部門，購買部門，倉庫部門，財務会計部門等の間接部門に至るまで共有し，各部門が生産活動を理解し，支援し，活用できるようにする必要がある。

【よくある問題点】

　営業部門が作成した受注情報に基づき生産管理部門が生産計画を作成しているが，製造部門にしか共有されていない。営業部門は，「自分は受注をとるのが仕事であり，生産については生産管理部と製造部の仕事である」と認識しており，自身がとってきた受注がどのように生産され，出荷されているかについて関心がない。無理な納期の受注や，生産キャパシティを超える受注をとってきて製造部門が生産できないと，生産管理部や製造部門への非難を行う。

　小規模の工場では，生産計画の策定が1人の担当者に任されており，生産指示や倉庫への出荷指示もその担当者が行っている。この場合，その担当者が病欠すると生産計画や出荷計画が誰もわからなくなってしまう。

【理想的な状況】

　製品種類について，効率的に生産できる製品でありながら利益率の高い製品，逆に手間がかかるが市場価格が安い製品もある。一義的には顧客のニーズに応じて製商品を販売するものの，できれば効率的に生産できる製品を拡販する，という配慮が営業担当者にあったほうが企業にとって有利である。

　営業担当者が日々の生産計画の状況，製造工程，キャパシティの状況を把握することによって，生産リードタイムの短い製品，製造現場に高い業務負荷を与える製品種類等を把握できれば，顧客への納期回答の精度向上や信頼獲得に

もつながるはずである。

1－19　拠点展開資金が少ない

「中国市場で成功するためには，経営資源（ヒト，モノ，カネ，ノウハウ）の十分な投資が必要」

本項は趣向を変えて説明したい。

第2次大戦中に，日本陸軍が「インパール作戦」という無謀な作戦を実行し，多数の死傷者を出し撤退，大敗したという話がある。食料や弾薬などの物資の補給を十分に行わず，航空支援もない中で長距離の山岳地帯を徒歩行軍で移動し，インド北東部のイギリス軍を攻撃し目的地を占領するという，当初の計画段階から反対意見が多かった作戦である。

戦線が延びると前線への補給ができなくなったことから，当時の司令官は「食料は敵から奪え」という指示を出している。戦いながら自分で食料を調達せよとは，自軍の戦闘力を低下させるものである。

この話を10人が聞けば10人が「無茶苦茶な作戦である」，「成功するわけがない」，「無駄に多大な犠牲者を出した」，「当時の日本陸軍司令部は馬鹿だね」という感想を持つと思われる。

ところが，現代においても「インパール作戦」と同じような海外ビジネス展開を行っているケースが意外に多い。

つまり，日本親会社の経営層の楽観的な判断で海外ビジネスに進出するものの，現地でうまく軌道に乗らない。日本親会社からの指示は，「現地の働きが悪いのではないのか」，「改善計画を現地から出せ」，「必要資金は現地で調達せよ」，「優秀な人材を現地で雇用せよ」という指示を出すばかりで，実体のある経営資源（ヒト，モノ，カネ，ノウハウ）を十分に追加供給しない。「現地のことは現地の統括者（総経理）の責任である」というスタンスである。

現地の総経理が日本親会社に対して追加資金の拠出を要請しても，人材の応援派遣を要請しても，「いま日本でも余裕がない。現地で解決してほしい」という回答が返ってくる。

司馬遼太郎氏が言うように，「寡兵でもって大軍に勝つ」というのは日本人にとって美談とあこがれになりやすい。しかしながら，「一の谷の合戦」や「桶狭間の合戦」のように小軍が大軍に勝つことは世界史上まれであり，大軍が小軍に勝利するケースがほとんどである。織田信長も桶狭間で勝って以降は，常に相手よりも大きな兵力，資金力を動員しており，またそのための準備を事前に十分に行って「確実に勝てる」という確信を持ってから行動に出ている。

　これを現代ビジネスにあてはめると，投下する経営資源が少ない場合はうまく中国ビジネスの展開を行えないばかりか，せっかくの進出の元手まで失いかねないことになる。欧米系企業はこのことを熟知しているようで，当初から十分な経営資源を投入する傾向がある。

　ビジネスの展開に際しては，事前に綿密な計画を立て実現可能性を検討し，かつ必要十分な経営資源を事前に準備し投入する必要がある。当たり前のことであるが，中国等における海外ビジネスの展開になると遠距離地であることからか，これが十分に行われずに失敗するケースが少なからず見受けられる。

1－20　多額の未出荷在庫を抱えている

　「顧客からの受注の裏付けがありながら長期間未出荷となっている在庫については，顧客に早く引き取ってもらうよう交渉する」

【収益拡大のために】

　特に中国系顧客の場合，ボリューム値引を狙って一度に大量の発注を行うものの，引取りについては分割納品とし，具体的な引取日については後日別途連絡する，という方式をとることがある。その場合でも，自社で生産した製品はできるだけ早期に引き取ってもらうよう，営業担当者から顧客と交渉する必要がある。

第2章　利益拡大を達成するための各問題点と管理手法の説明

【売上の計上が遅れる原因】

【よくある問題点】

　顧客からの注文に基づき生産し自社の倉庫内に完成品を積み上げるが，顧客からの納品依頼の連絡が来ないため長期間放置されている。倉庫部門から営業担当者に問い合わせると，「顧客からの引取連絡が来ないので，そのまま保管してほしい」という回答が来るのみである。最悪の場合は，顧客から「その製品はもういらなくなった」との連絡が来て，在庫の処理に困る。

　当然であるが，製商品は出荷しなければ売上にならないし，売掛金回収による資金化もなされない。また在庫保管コストを当社が顧客の代わりに負担していることになる。

　要するに，「顧客ファースト」を重視するあまり，自社にとって不利な状況になっていても問題意識を有していない。

【理想的な状況】

　まず，営業担当者は顧客への見積書提出・受注段階において，当社製商品を当該顧客がどのように利用しているのか（生産に組み込んでいるのか），顧客の製品生産量はどの程度なのか，を予測し，一定期間（半年間等）における当社からの出荷量を見込む。そのうえでボリューム値引を行う。

　多量の発注をしてくれる顧客はありがたいが，発注量が過大である場合は，本当にタイムリーに製商品を引き取ってもらえるのかの事前に確認する。その

61

うえで受注データと予定納期を設定し，生産管理部に伝達することによって生産計画が策定される。

　また，最終引取日までに数か月を要すると見込まれる場合は，受注段階で相応の前受金を要求することも有効である。

　次に，当初の調査・確認と相違して，顧客がなかなか製商品を引き取らない場合は，営業担当者が顧客に出向き早期の引取りを依頼する。「その製品はもういらなくなった」と顧客からいわれた場合でも，契約書や発注書を根拠にして販売代金の回収を主張する。

　ちなみに，自動車業界ではForecast（発注内示）と確定受注に分けて発注情報を提供し，仕入先における生産計画の策定や生産準備を行いやすくしている。この点は仕入先にやさしい合理的な制度であると思う。

【適正な財務諸表作成のために】

　上記の経緯で発生した長期間滞留完成品在庫は陳腐化し，また新製品が出ると顧客はそちらを需要することになるため，完成品としての価値が下がってしまう。この場合，会計上は滞留棚卸資産に対して適正な見積販売価格から見積販売費用を控除して正味実現可能価額を算定し，取得原価との差額を棚卸資産減損引当金として計上することになる。

　しかしながら，そもそも滞留棚卸資産が発生しなければ，面倒な将来の見積販売価格等の設定や棚卸資産減損引当金の計上，さらには監査法人への説明を行わなくて済む。生産品はできるだけタイムリーに顧客に引き取ってもらい，売上高の計上と売掛金の回収を意図すべきである。

1－21　顧客への請求洩れがある

　「製商品の受注データ，出荷データと請求書／発票発行データを一件別に照合し，顧客への請求洩れをなくす」

【収益拡大のために】

　製造部門のワーカーや仕入先が一所懸命に生産した製商品を顧客に出荷した後は，洩れなく販売代金を顧客に請求し売掛金回収を行わなければならない。

第2章　利益拡大を達成するための各問題点と管理手法の説明

【よくある問題点】

　倉庫部門が顧客に製商品を出荷したものの，出荷データが営業部門や財務会計部門に十分に伝達されずに請求書と発票が作成されない。

　または請求書の発行が営業担当者個人に任されており，ミスや失念によって請求書が発行されない場合がある。試作品の有償販売を行ったものの，顧客からの検収／合格通知が来ないため放置されている事例も多い。顧客側は納品検収を行った事実，データを保有しているものの，仕入先（当社）から請求が来なければ代金を支払わない。

　請求洩れはたまにしか発生しないことであっても，長年の請求洩れ額を累計すると，けっこうな金額になる。

【理想的な状況】

　倉庫からの出荷データに基づき，請求書と発票を発行する。請求書と発票を発行した場合は，出荷リストを消し込む。出荷したにもかかわらず請求書・発票が未発行となっている案件がどれだけあるかをリアルタイムで把握できるようにする。

　中国でシェアが高い用友システムや金蝶システムの場合，倉庫部門が入力したシステム上の出荷データに対して一件別で請求書番号や発票番号を入力することができる。これにより，請求書・発票未発行リストを任意の時期にシステムから出力することができ，請求書・発票発行洩れの有無を検証することができる。さらには，出荷データや請求データに基づき，売掛金／売上にかかる会計伝票をシステム内で自動起票する機能もある。

　なお，製商品の出荷データ自体に不備，洩れがある場合は受注データと照合することによって，出荷処理漏洩れの有無を検証することができる。これについては次項「1−22　受注残管理が組織的になされていない」で説明する。

【不正対策として】

　出荷に対して洩れなく請求書と発票を発行したかを検証する仕組みがなければ，特定の顧客に対して出荷するものの正規の請求書を意図的に発行せず，販売代金を営業担当者個人が顧客から直接収受，着服してしまうという不正が発

63

生する温床となる。

中国では発票の発行は財務会計部門が担当していることが多い。出荷データに対して請求書と発票が洩れなく発行されたかの確認モニタリングは，顧客と直接の関係がない財務部門で行うことが効果的である。

【適正な財務諸表作成のために】

製商品を顧客に出荷した後速やかに請求書や発票を発行しなければ，会計上の売上高も計上されない。すなわち売上計上洩れや簿外売上となってしまう。

出荷データと請求データ，売上データとの照合は，適正な財務諸表作成のための内部統制（J-SOX）でも代表的なキーコントロールである。

第2章　利益拡大を達成するための各問題点と管理手法の説明

✳ Column ✳

🔹 発票とは何なのか？ 🔹

　中国で人件費を除く費用の精算を行う際，必ず「発票」を入手しなければならない。この場合における「発票」は日本でいう「領収書」のような認識がなされている。また，自社が得意先に売上を行った際も「発票」を発行し，得意先に送付する。この場合は日本でいう「請求書」のような位置付けと認識されていると思われる。

　当コラムでは，そもそも「発票とは何なのか？」について整理する。

請求書	相手先に対して，「お金を払ってください」という書類
領収書	相手先に対して，「お金を確かに受領しました」という書類
発票	中国の税務局が，増値税・（日本でいう消費税）を洩れなく徴収するために利用する書類

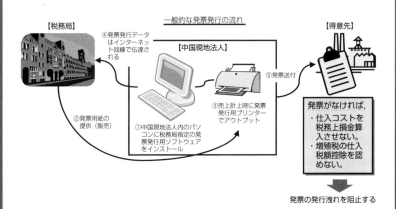

　「発票」とは，中国の税務局が増値税・営業税（日本でいう消費税）を洩れなく徴収するために企業に発行を義務付けた書類である。もともと「請求書」や「領収書」としての意義はない。ちなみに，「発票」とは別途，請求書（請求明細）や領収書を任意のフォーマットで作成することは問題ない。

　一般的な発票発行の流れを説明すると，まず企業の設立時に税務局

指定の業者により企業内のパソコンに発票発行ソフトウェア（金税システムと呼ばれる）がインストールされる（上図①）。発票用紙は必ず税務局から購入しなければならない（上図②）。宛名や金額等の印刷に際しては，打刻式の発票発行用プリンターを購入して利用する必要がある（上図③）。

　重要なことは，企業内のパソコンとプリンターを利用して発行した「発票」のデータは発票発行ソフトウェアにより税務局にリアルタイムで伝送される（上図④）。これにより税務局は，どの企業が，いつ，誰に，いくらの金額で発票を発行したかを電子データで把握することになる。

　一方で，得意先としては，仕入先から「発票」を入手しなければ，仕入コストを税務上損金算入できない（つまり企業所得税が高くなる）制度となっているため，仕入先に対して「発票」の発行を常に要求する。仕入先としては，お客様の要望に基づき「発票」を発行せざるを得ない。

　中国の国家税務局が考えたこれら一連のからくりにより，「売上を計上しても発票を発行せずに増値税を納税しない」という脱税が不可能になるわけである。

　出張旅費等の精算に際して，いちいち「発票」を集めるのは面倒であるが，貴社中国現地法人の会計担当者の言うことをよく聞いて，適切な発票を入手する必要がある。

第2章　利益拡大を達成するための各問題点と管理手法の説明

1－22　受注残管理が組織的になされていない

「顧客からの受注データに対して，タイムリーに／納期どおりに製商品を出荷できているかどうかを定期的に確認する」

【収益拡大のために】

　顧客の要求納期に間に合うように製商品を出荷することは，顧客からの信頼をつなぐうえでとても重要である。そのためには受注残管理，すなわち受注データと出荷データを照合し，顧客からの受注を受けたものの製品未出荷となっている案件がどれだけあるかを組織的に把握できる仕組みが必要となる。

【よくある問題点】

　受注残管理が営業担当者個人に任されている。営業担当者に錯誤や出荷指示忘れがあった場合は納期どおりに製商品が出荷されない。また，直前になってから「大至急で生産し顧客に出荷してほしい」という無茶な要求が営業担当者からなされたりする。

　背景として，どの顧客からどれだけの受注を得たかの情報を営業担当者個人で秘匿しようとする。他の営業担当者や上司に情報が洩れることを嫌がることが挙げられる。

【理想的な状況】

　受注データは営業部門，生産管理部門，倉庫部門，購買部門，財務会計部門等で共有し全社一体となって顧客の希望納期に対応できる体制とする。なお，受注に至るまでの引合段階から営業部門内で情報共有し（1－1　「顧客からの引合情報が一元管理なされていない」を参照），引合情報と受注情報の整合性を検証することも有効である。

　倉庫部門はリアルタイムで受注データを参照し，出荷計画を策定する。営業部門からの出荷指示と出荷計画に基づき，出荷手続を行う。

　受注データと出荷データの差分，すなわち受注残については，営業担当者のみならず営業部門上席者が定期的にモニターする。万一納期が遅れそうな場合は適時にその旨を顧客に伝達し，納品可能日を提示し顧客の承諾を得る。

67

【不正対策として】

　受注残管理が組織的になされていない，営業担当者個人の管理に委ねられている場合は特に不正のリスクが高まる。この場合，倉庫部門は受注データを閲覧していないから，営業担当者の出荷指示を鵜呑みにして製商品の出荷処理を行うことになる。これにより，顧客からの受注がないにもかかわらず押込販売で出荷し過大な売上高を計上したり，あるいは架空の受注データを創作して親戚や友人の会社に製商品を出荷する指示を無断で行うことができる。このような不正が行われた場合は後日の売掛金の回収ができないことになるが，明るみになる前に営業担当者は退職してしまう。

　対策として，引合情報と受注情報の整合性を営業部長等が照合すること，受注データ／受注残データを関連部門間で共有すること，さらに顧客名簿を明確にし出荷先をマスタ管理することによって，承認登録された顧客以外には製商品の出荷オペレーションを制限することが考えられる。

【適正な財務諸表作成のために】

　受注残データを定期的にモニタリングすることによって，倉庫部門による出荷処理洩れの有無を検証することができる。すなわち，納期を経過しても出荷されていない受注口について本当に未出荷であるのかを倉庫部門や営業部門に問い合わせることにより，実際は出荷しているものの記帳洩れということが判明する場合がある。その場合は適正に出荷データを修正し，会計上の売上計上につなげる必要がある。

　そのため，適正な財務諸表作成目的のための内部統制（J-SOX）において受注残管理は重要なキーコントロールの一つとして設定されているのである。

1－23　顧客への預け在庫を未確認

　「顧客への預け在庫は定期的に顧客倉庫に出向いて棚卸を行い，消費分については適時に代金の請求を行う」

第2章　利益拡大を達成するための各問題点と管理手法の説明

【収益拡大のために】

　自動車業界に多いが，顧客のJust in Timeの要求に応えるために当社の一定量の製商品を顧客の倉庫に預け，顧客が消費した量に応じて当社から顧客に請求を行う方式，すなわち預け在庫販売を行っている企業は中国においても少なくない。

　この場合，毎月顧客から消費量についての連絡を受け，これに販売単価を乗じて請求額を算定する。しかしながら，この連絡が不正確であったり洩れがある場合に備える必要がある。

【よくある問題点】

　毎月の顧客からの連絡を鵜呑みにしている。誰も顧客の倉庫に訪問して在庫の棚卸確認を行ったことはない。

　顧客は仕入先（当社）に出荷要求をしても，消費量の連絡をしなければ直ちに代金を支払う必要はないため，多めに出荷要求を行う。余剰なバッファー要求が数期間累積し，過大な預け在庫数量になっていたとしても，「お客様の要求であるから」ということで誰も問題意識を持っていない。

　預け在庫の残高が膨らむことによって，当社のキャッシュフローが圧迫されていく。

【理想的な状況】

　まず，預け在庫販売取引を行うにあたっては，最初の段階で「仕入先（当社）は，顧客倉庫内の在庫を任意の時期に立ち入り棚卸を行う権利を有する」旨を契約書に記載しておく必要がある。顧客の倉庫に納品したらその後はブラックボックスで，消費量の報告は顧客の良心に依存するということは，中国ビジネスにおいては非常に危険である。財務諸表監査対策として，顧客から預かり在庫の残高確認書を入手しているケースがある。もちろん必要な手続であるが，残高確認書の回答数量が実際の有り高を示していないケースもある。

　次に，「棚卸の結果，実際在庫数量が理論在庫数量よりも少なかった場合，差額は顧客が消費したものとみなし，仕入先（当社）は販売代金を顧客に請求できるものとする」旨も契約書に記載しておく。顧客の倉庫管理がいい加減で，

69

消費量記録洩れ，棚卸減耗，風雨による品質劣化や顧客の従業員による横領等，棚卸差額の原因が何であろうとも，仕入先（当社）は「納品量－実際在庫量」について販売代金を請求する権利があるとする必要がある。

　事前の契約書にこれらを定めうえで，営業担当者は定期的に（半年に１度程度）顧客を訪問して実地棚卸を行う。当社の在庫品を整理整頓のうえ，適切な状態において保管しているかもあわせて確認する。

　さらにいえば，上条項の契約書への盛り込みと倉庫への任意の時期の立ち入りを拒む顧客とは，最初から預け在庫販売取引を行わないほうがよい。

【不正対策として】

　在庫状況がブラックボックスとなってしまう顧客倉庫への製商品搬入は，製商品横領を企図する従業員にとってとても都合がよい。「お客様の要求だから」という口実で製商品を出荷し，実際は従業員の親族等が管轄する倉庫へ搬入させる。そして「顧客から消費量についての連絡がなかなかこない」，「顧客が倉庫内への立ち入りを許可しない」ということにすれば，製商品の横領が発覚するまでに長期間時間をかせぐことができる。

【適正な財務諸表作成のために】

　決算や財務諸表監査手続の一環として，預け先（本項では顧客）に対して預け在庫数量についての残高確認書を送付し回答を得ることがある。専門の倉庫業者であれば預け在庫の棚卸と残高確認書の発行は当然の業務範囲内として行ってもらえるが，顧客企業であると力関係もあってなかなか残高確認書を発行してくれないケースがある。

　また，特に中国系企業に多いが，実態と異なる残高確認書にも会社印を押印し返送してくるケースもある。過去の事例では，預け在庫販売取引が終了となり，顧客に在庫数量を返還していただくよう要請したところ，「そんなに多量の在庫は預かっていない」という回答があったことがある。販売契約が終了してから消滅分を販売代金として支払うよう中国系顧客と交渉することはとても困難である。特に数年間の累積で多額になっていればなおさらである。

　また，会計上は在庫または売掛金の減損を行うことになるが，減損理由につ

いて日本親会社や監査法人に説明しても，なぜそのようなことが起きるのか簡単には理解してもらえない。

やはり，上記【理想的な状況】に記載したとおり，定期的な実地棚卸確認を行うことが望まれる。また，棚卸担当者としては当社の営業担当者に加えて，財務会計担当者等の営業部門以外の担当者を立ち合わせれば，なお牽制効果が増す。

1－24　顧客から検収データを入手していない

「顧客への製商品出荷データに加えて，顧客からの製商品受取サインや検収通知を入手する」

【収益拡大のために】

信頼関係を構築できている顧客であれば，当社の出荷データに基づき作成した請求書や発票と契約書上の支払サイトに基づき売掛金を支払ってくれる。しかしながら，広大な中国では全ての取引先を信用できるわけではなく，「製商品がまだ届いていない」や「検収手続がまだ終わってない」ことを口実になかなか支払ってもらえないケースがある。顧客が資金不足に陥っており，購入代金が支払えないこともありうる。

対策として，製商品の出荷データに対して，顧客の受取サインや検収通知が得られたかどうかを検証し，売掛金，すなわち顧客への請求権を明確に確率することが挙げられる。

【よくある問題点】

営業担当者は倉庫部門に対して顧客への出荷指示を行うものの，それ以降の物流については関心がない。顧客からの受取サインや検収通知の入手は物流部門の仕事であると思っている。

顧客からの入金が遅いため財務会計部門から督促の依頼を受け顧客に問い合わせるも，顧客から「製商品がまだ届いていない」や「検収手続がまだ終わってない」という回答を得るとそれをそのまま財務会計部門等に伝達するのみである。

71

【理想的な状況】

　製商品に添付する納品書を複写式とし，１枚は顧客に製商品とともに納品し，１枚は顧客の受取りサインを記載してもらい回収する。製商品を運ぶトラックが自社トラックの場合は運転手を介して直接顧客の受取サインを入手する。外部の物流業者に委託する場合は，物流業者の運転手が運送票に貨物受取者のサインを得るはずであるから，それを物流業者から回収する。または，近年は中国でもインターネット上で運送途中における貨物の位置情報を提示する物流業者があるので，これを利用して貨物の到達を確認できるようにする。これにより顧客の「製商品がまだ届いていない」という言い訳を防ぐことができる。

　また，月ぎめの請求書・発票を発行する前に，当社からの当月出荷データをＥメール等で顧客の購買担当者に送信し，当社の出荷データに誤りがないかを確認してもらってから請求書・発票を発行している企業もある。取引量が多い場合は効率的である。

　次に，顧客の「検収手続がまだ終わっていない」という言い訳に対しては，多少のタイムラグについては許容するとしても多額となった場合は顧客に対して早期の検収作業を依頼する。それでも解消しない場合は製商品の預かり証を入手することが考えられる。顧客が検収完了するまではその製商品の所有権は当社にあるからである。また，顧客に対して検収通知書の発行を要求し，古い納品の分から順番に検収されているか，また出荷から検収完了までどの程度の期間がかかっているのかを検討する。場合によっては次回からの受注受付段階で受注量の承認の判断材料とする。

【不正対策として】

　正規の顧客ではない者（従業員の親戚の会社等）に当社の製商品を出荷して横領するという不正の手口に対して，顧客からの受取サインや検収通知を入手するというのは効果的な防止施策である。受取サイン者がいつもの顧客の担当者と異なる，または検収通知書押印される顧客の会社印（または検収印）がいつもと異なる場合は，不正発見の糸口となる。

第2章　利益拡大を達成するための各問題点と管理手法の説明

【適正な財務諸表作成のために】

　日本において平成30年3月30日に企業会計基準委員会が企業会計基準第29号「収益認識に関する会計基準」を公表した。内容を要約すると，「履行義務の充足」という概念を導入して売上計上基準を国際会計基準に適応させることを意図している。2021年4月1日から始まる事業年度において適用が開始される予定である。

　製品の販売を主に行っている中国子会社においても，日本親会社の連結財務諸表に取り込まれている場合は，上記日本の新売上計上基準に沿った処理が原則となる。

　私見では，契約書に履行義務（顧客からの要求仕様，検査方法や納品方法等）が定められており，またこれまで出荷後の返品が顧客からほとんどなされていない場合には，従来どおり出荷時点で会計上の売上を計上する実務が認められるようである（企業会計基準委員会「収益認識に関する会計基準の適用指針」80参照）。

　しかしながら，高度な製商品で顧客の検収手続に時間がかかる，また検収作業の結果返品を受ける確率がある程度ある場合においては，顧客からの検収通知書をもって売上計上の根拠とする必要があると考える。

73

② 売掛金の貸倒れを防ぐ

2−1 売掛金の貸倒れが多い

「売掛金の回収対策は，事前の与信管理と事後の督促手続の両建てで行う」

【コスト削減のために】

　営業部門が努力して受注をとり，製造部門が努力して製品を生産し納期どおりに顧客に届けたとしても，顧客から売掛金を回収しなければ徒労であるばかりか，貸倒損失が発生する。利益拡大のためには，売掛金の回収をスムーズに行い貸倒引当金の計上を回避する必要がある。

　一般的に営業担当者の職務は，顧客から受注をとり，顧客の要求に合った製商品をデリバリーし，販売代金を回収するまで，とよく言われる。

【よくある問題点】

　営業担当者は顧客からの売掛金回収に関心がない。「売掛金を回収できるかどうかは顧客の支払う意思と都合によるものであるから，自分がコントロールできるものではない」と主張したりする。

　話は逸れるが，このような意識を持つ営業担当者は往々にして製商品のデリバリーにも無関心である（物流担当者の仕事だと思っている）し，顧客からのクレームに対しても十分な対応を行っていない。

【理想的な状況】

　事前の与信管理（次項参照）と事後の売掛金年齢構成分析（次々項参照）を行い，組織的な貸倒対策を行っている。

　滞留売掛金については営業担当者から顧客にタイムリーに督促をさせ状況を上席者に報告させる。

　また，営業担当者の業績評価やインセンティブの付与は，受注高や会計上の売上高ではなく，売掛金回収額を基準として行われることとなっている。

【不正対策として】

　日本では「売掛金の貸倒原因」といえば顧客の倒産が想起されるが，中国の

第2章　利益拡大を達成するための各問題点と管理手法の説明

場合この原因に従業員による不正が加わる。

　つまり，営業担当者がペーパーカンパニーの顧客と通謀して，売掛金の回収見込みがないことをわかっていて製商品を出荷し，顧客を計画的に夜逃げさせ連絡がつかなくさせるのである。製商品は第三者に売却され，売却代金は営業担当者と夜逃げ企業の代表者で折半される。

　ちなみに，「中国中小企業人力資源管理白書」（2012年）の調査によると中国企業の平均寿命は6年，中小企業に限っていえば2.5年とのことである。日本企業の平均寿命が20年～30年であることに比較するととても短い。

2－2　顧客の与信管理がなされていない

　「新規顧客と取引を開始する前に，顧客を調査し与信限度額を設定する」
【収益拡大のために】

　販売代金の回収を安全にするためには，前受金での取引とすることが対策の一つである。しかしながら，「当社は前受金取引でなければ製商品を販売しません」という方針のみでは潜在顧客を十分に取り込むことができず，売上高拡大の障害となってしまう。

　売掛金取引は売上収益拡大のための重要な手法であるが，誰にでも掛けで製商品を販売してよいというものではない。事前に顧客を十分に調査する必要がある。

【よくある問題点】

　目先の売上高拡大に注力するあまり，売掛金回収の目途がない顧客にも当社製商品を出荷し会計上の売上を計上する。与信限度額は設定されていない。

　または，顧客ごとの与信限度額を設定しているものの，「参考値」としてしか認識されていない。形骸化しているため与信限度額を超過する売掛金顧客が多数ある。

　結果として，「顧客が倒産した」あるいは「連絡がつかなくなった」との情報が入ってから，当該顧客に対して多額の売掛金残高があることが表面化する。そうなってからの売掛金回収は非常に困難である。

75

【理想的な状況】

　売掛金取引には貸倒れというリスクが必ずつきまとう。それでもリスクを最小限としながら拡販を行うためには，顧客ごとに事前に信用可能性の調査，すなわち与信調査を行う有効である。

　日本であれば，帝国データバンクのような企業の信用調査サービスを提供している企業がある。中国にも同様の信用調査会社があるので，取引額が多額になると想定される場合に事前に依頼することが推奨される。

　次に，よくある質問として，「信用調査会社から対象会社のＢ／Ｓ，Ｐ／Ｌを入手したが，これは信用できるものなのか？」という疑問が生じる。確かに，中国系企業の場合は節税（または脱税）のために実態と異なり操作的に赤字にしていたり，逆に利益の過大計上を行っている企業が日本よりも割合的に多い。対策としては，Ｂ／Ｓ，Ｐ／Ｌの情報のほかに，実際に顧客の事業所に訪問し，経営者の人柄，取扱製品の業界，工場の規模と稼働状況，工場内の整理整頓状況，製品在庫の多寡，従業員の表情といった定性的な情報を目視で確認する必要がある。

　設定された与信限度額を自社の営業担当者に遵守させる方法として，ＩＴシステムの機能を利用することが有効である。すなわち，販売管理システムに製商品の出荷データを入力する際，会計上の売掛金残高が与信限度額を超える場合は画面上にエラー・メッセージが表示されるようにする。この場合，出荷担当者は営業担当者に連絡し，顧客に出荷額以上の入金をしてもらわなければ追加の出荷ができない旨を顧客に伝達してもらう。

　さらに厳格に与信限度額管理を行うために，出荷時点ではなく受注データ入力時点でシステム画面上に与信限度額超過エラーが表示されるようにすることも考えられる。

　中国で一般的な用友や金蝶システムの販売管理モジュールにおいてはこの機能を設定できる。

第2章　利益拡大を達成するための各問題点と管理手法の説明

【新規顧客取引申請書の例】

新規（更新）顧客取引申請書

※　当調査票は，前受金取引／売掛金取引いかんにかかわらず新規取引先に販売を開始する前に起案する。

※　1年に一度更新のために再起案する。

調査票作成日　　2019年2月14日

起案者		劉備	起案部門	営業二部
取引会社	会社名	○○有限公司		
添付資料		営業許可証		

当社との取引予定内容／申請理由（以下に記載）

・華南地区におけるプラスティック成型品メーカーとして3番目の規模を有しています。資本金規模，従業員数，支店網，業歴において優秀と認定されます。
・当社部品のサンプル評価は完了しており，好評価を得ています。
・競合他社からの部品仕入は減少させるとのことであるため，新規顧客として具申します。

今後3年間の取引予想	当年度	翌年度	翌々年度
	100万元	300万元	400万元
入金方式	前金　or　発票発行後　60　日		

顧客の性質	該当に○を付ける	
	①	当社グループ企業
	②	当社グループ企業による指定会社
	③	当社グループ企業が取引を継続している会社
○	④	当社独自選定企業
	（上記①～③の場合，以下の調査項目の記入は不要）	

取引先の規模	年間売上高　約5,0000万元		従業員数	約500人	社歴	10年	実績	（別紙パンフレット参照）
取引先への訪問	未訪問 ・訪問済み（訪問日：2018年9月20日　取引先面談者　袁尚総経理，馬超購買経理）							
経営者の人柄	良	取扱製品の業界		良	業界の成長率		年間約7％成長	
工場の稼働状況	良	整理整頓の状況		良	在庫の多寡		適正	
信用調査の必要性	必要　or　不要（必要の場合は，信用調査会社の調査報告書を別途添付する）							

部門責任者審議・意見	同意	
部門責任者署名	曹操	2019年2月15日

総経理審議・意見	同意	
総経理署名	孫権	2019年2月18日

【不正対策として】

　新規顧客の調査及び与信付与を行うことによって，当社と正規の顧客の間に従業員の縁故企業を介在させ，さや抜きを行うことが困難になる。

　話は逸れるが，従業員の縁故企業であっても業歴と業界の信用を得ている適切な企業であり，当社の拡販に寄与できる能力を有している企業であれば，当社と代理店取引を行うことに問題はない。しかしながら，不正の意図を持って当社にメリットがない介在取引を行う場合は，ほとんどの場合が社歴のない設立間もないペーパーカンパニーである。介在取引を行うために，親族や友人の名義を借りて急遽設立した会社であることが多い。多額の取引が想定される場合は，従業員任せにせず経営層が自ら新規顧客候補の事業所に訪問し，上述の調査項目を目視で確認することは，営業担当者に対する牽制として非常に有効である。

２－３　売掛金年齢構成表を作成できない

　「少なくとも毎月末に売掛金年齢構成表を作成し，顧客別滞留事実の把握と滞留口についての回収方法を組織的に検討し実行する」

【コスト削減のために】

　売掛金取引を行う場合はどうしても回収リスクがつきまとう。事前に与信調査を行い顧客の情報を収集し適切な与信付与を行っていたとしても，顧客が属する業界の変化，または顧客自身の経営状態に変化が起こったときに滞留売掛金が発生することがある。

　そのような場合でも適時に滞留情報を把握し，組織的に回収方法を検討し実行することによって，貸倒損失の発生を抑止することができる。

第2章　利益拡大を達成するための各問題点と管理手法の説明

【売掛金年齢構成表の例】

売掛金年齢構成表

(単位：人民元)

顧客番号	顧客名	2018年12月末売掛金残高	売掛金発生月						6ヶ月以上滞留	1年以上滞留	営業担当者	滞留理由, 回収方針等
			11月	10月	9月	8月	7月	6月				
111	aaa	500,000	500,000								諸葛亮	
222	bbb	400,000		400,000							関羽	
333	ccc	350,000			350,000						張飛	顧客に督促済み。1月20日振込予定との回答を得た。
444	ddd	300,000				300,000					袁尚	顧客から製品品質に係るクレームを受けている。現在,品質管理部門と営業部門が連携して顧客と交渉中。2019年2月末までに明確となる見込み。
555	eee	280,000							280,000		劉表	顧客の資金繰り不足により8か月滞留。追加の出荷を停止している。日本親会社経由で同社の日本親会社とも協議中。
666	fff	100,000								100,000	馬超	2015年10月に裁判提起済み。勝訴となるも回収対象となる財産がない。全額貸倒引当金計上済み。
合　計		1,930,000	500,000	400,000	350,000	300,000	0	0	280,000	100,000		

【よくある問題点】

　売掛金年齢構成表が作成されていない。また作成されていたとしても不十分である。

　まず，売掛金年齢構成表が作成されていない背景として，多数ある顧客ごとに，売掛金残高を発生日別に手作業で展開することが困難という技術的な理由が挙げられる。困難さを説明するために，下記に簡単な計算例を示す。

【表１：顧客Ａの売掛金発生と入金状況】

（単位：人民元）

取引日	売掛金計上額	売掛金入金額	残高
１月31日	10,000		10,000
２月28日	20,000		30,000
３月31日	18,000	20,000	28,000
４月30日	22,000		50,000
５月31日	25,000		75,000
６月30日	12,000	30,000	57,000
７月31日	9,000		66,000
８月31日	15,000	21,000	60,000
合計	131,000	71,000	60,000

　上表は，３か月に１度程度不十分な金額しか振り込んでこない不良顧客の例である。８月末の売掛金残高は60,000人民元あるが，これはいつ発生したのかを明確にするためには，60,000元を過去の発生日別に分解する必要がある。通常は，古い売掛金から入金消込みを行うので，下表のとおりに分解される。

【表２：顧客Ａの売掛金残高を発生日別に分解する】

（単位：人民元）

売掛金発生日	売掛金計上額	売掛金入金額	売掛金残高
１月31日	10,000	10,000	
２月28日	20,000	20,000	
３月31日	18,000	18,000	
４月30日	22,000	22,000	
５月31日	25,000	1,000	24,000
６月30日	12,000		12,000
７月31日	9,000	振当て	9,000
８月31日	15,000		15,000
合計	131,000	71,000	60,000

　つまり，８月末売掛金残高は，５月31日発生分の入金不足額24,000元＋６月30日発生額12,000元＋７月31日発生額9,000元＋８月31日発生額15,000元に分

解される。これを売掛金年齢構成表に転記することになるが，顧客数が100社以上になると，この分解と消込み作業を手作業で行うことは非常に手間である。

また，上記例では説明の簡易化のために，顧客Ａとの取引期間は１月から８月までの８か月間しかないが，通常過去数年間の取引があることが通常である。この場合，全ての顧客ごとに取引開始日まで遡って上記表２を手作業で作成する必要がある。これらの困難性によって売掛金年齢構成表が作成されないのである。

対策として，中国で一般的な用友システムや金蝶システムでは，日々の売掛金入金記帳の際に過去の売掛金発生額と対照させて消し込む形式で入力する機能がある。これにより，売掛金年齢構成表をシステムが自動生成し，リアルタイムで出力することができる。ただし，専用のモジュール（債権債務管理モジュール（中文：往来模块））を購入しておく必要がある。

次に，売掛金年齢構成表を作成しているものの，それを十分に活用できていない事例が多い。

上記【売掛金年齢構成表の例】においては，右のほうに当社の「営業担当者」名を記載する列を設けている。中国現地法人の場合，営業担当者の入れ替わり頻度が比較的多いため，過去の滞留売掛金顧客を担当する営業担当者がすでに退職してしまっているケースがある（逆に言うと，大口の滞留売掛金が発生し責任を取らされそうになると，面子がなくなるため当該顧客を担当する営業担当者が退職する）。この場合，滞留顧客とのこれまでの交渉の経緯や連絡窓口が後任者に十分に引き継がれておらず，過去の経緯，現在の状況の把握や今後の回収対策が立てられない。

【理想的な状況】

売掛金年齢構成表は毎月末基準で会計システムから出力され，財務会計部門から営業部長，営業担当者にＥメールで配布される。営業担当者は自身が担当する顧客について滞留口の有無を把握し，滞留口については該当顧客に問い合わせる。問い合わせた結果を売掛金年齢構成表の右側に記載し，財務会計部門に回付する。

財務会計部門は，各営業担当者から回収した滞留理由を取りまとめ，会社全体の売掛金年齢構成表を作成し営業部長及び総経理に回付する。

　週1回の営業会議において，売掛金年齢構成表に基づき滞留売掛金の回収方法を協議，検討する。大口の滞留口については状況と滞留理由が営業部長及び経営層に共有される。必要に応じて，営業担当者と営業部長，または総経理が顧客に訪問し，滞留理由の確認，売掛金の督促，追加出荷の停止，訴訟などについて協議する。

　つまり，滞留売掛金の解消を営業担当者任せにせず，組織的に対応している。

【売掛金年齢構成表モニターの業務フロー例】

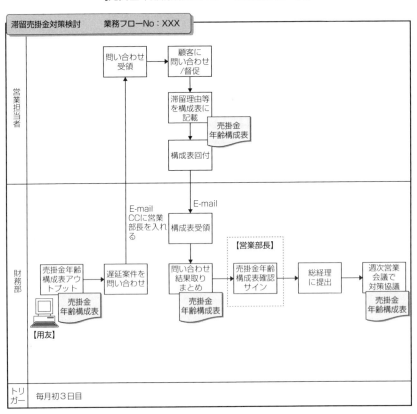

第2章　利益拡大を達成するための各問題点と管理手法の説明

【不正対策として】

　架空売上を行った場合，顧客からの入金がないため滞留売掛金が発生することになる。また，売掛金回収の見込みがないにもかかわらず当社の製商品を出荷した場合も，滞留売掛金が発生することになる。

　定期的に売掛金年齢構成表を検討し滞留口について情報を収集することによって，営業担当者や営業部長はうかつに（自身の営業成績を過大に見せるために）架空売上や回収可能性のない販売を行うことができなくなる。

【適正な財務諸表作成のために】

　滞留売掛金について適切に情報を収集し回収可能性を検討することは，会計上の貸倒引当金の見積りにとって必要である。会計上の処理は財務会計部門が行うとしても，いくら個別貸倒引当金を設定するのか，の認識と測定の判断は会計部門のみが行うことができない。

　営業部門が売掛金年齢構成表に基づき日ごろ収集した情報を取りまとめ，回収可能性について経営層の判断または承認をもって個別貸倒引当金の計上がなされる。

　そのため，適正な財務諸表作成のための内部統制（J-SOX）においては，売掛金年齢構成表のモニタリング，承認は重要なキーコントロールとして設定されている。

2－4　前受金入金確認を厳密に行っていない

　「契約書上前受金取引となっている場合，顧客から前受金が入金されたことを財務部門と営業部門が確認してから倉庫部門に出荷指示を出す」

【コスト削減のために】

　当該顧客との契約書上，前受金取引となっているにもかかわらず，前受金が入金されていない段階で営業部門が倉庫部門に出荷指示を出す場合は，実質的に売掛金取引となり貸倒のリスクが発生する。取引開始前の当該顧客の与信調査段階で「前受金取引とする」と判断されていたということは，売掛金取引とすると貸倒リスクが高いと判断されていたはずである。

83

受注→前受金入金→出荷のサイクルは日々頻度が高く，また前受金取引顧客が多い場合は管理に手間がかかる。しかしながら，不意の貸倒損失を防ぐためには十分な管理が必要である。

【よくある問題点】

　財務部門はインターネットバンキング画面で把握した顧客からの入金情報（顧客名，入金日，入金額）を日々Eメールで営業担当者に送信しているが，一元的な入金状況表は作成されていない。そのため，顧客から受注に対応する前受金を入金されたかどうか，それに対応する出荷指示が過不足なくなされたかどうかについては，営業担当者個人のコントロールに任されている。

　注意深い営業担当者であれば，自身が担当する顧客にかかる受注－前受金入金－出荷指示の管理表をExcelで作成し，出荷指示の過不足を防止している。しかしながら多忙期になると管理資料に基づかず記憶ベースで倉庫部門に出荷指示を出す。結果として，前受金を上回る出荷を行い，意図しない売掛金残高が発生する。

【理想的な状況】

　営業担当者は販売管理システムに受注データを入力している。財務部門はインターネットバンキングシステムから把握した顧客からの入金情報を，販売管理システムの受注データを消し込む形で入力する。営業担当者は財務部門が入力した入金情報を閲覧し，自身が担当する顧客から入金があったかどうかを確認し，倉庫部門に出荷指示を出す。営業部長や経営層は定期的に「受注－前受金入金管理表」をモニターし，前受金入金管理状況と顧客ごとの前受金入金額の多寡（多い場合は優良顧客である）を把握している。

　システムの機能を利用して，前受金取引として顧客マスタに設定されている場合，前受金入金がないにもかかわらず出荷指示データを入力すると画面上にエラーが表示されることとしている企業もある。

第2章　利益拡大を達成するための各問題点と管理手法の説明

【受注－前受金入金対比表の例】

部門：営業二課						
顧客名称	前受金入金予定額	通貨単位	入金予定日	当社営業担当者	実際入金日（財務部が記載）	
AAA有限公司	100,000	RMB	2018／1／10	張飛	2018／1／9	
BBB有限公司	50,000	RMB	2018／1／19	諸葛亮	2018／1／19	
CCC有限公司	80,000	RMB	2018／1／31	関羽		

受注データから記載　　　インターネット・バンキングの入金データから記載

【前受金入金確認手続の業務フローの例】

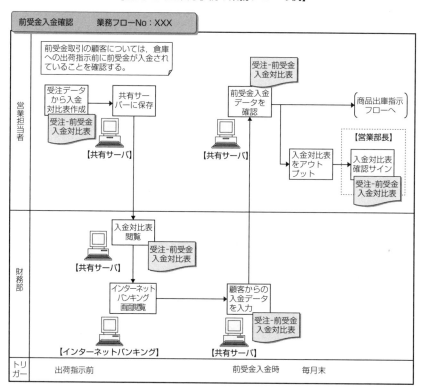

【不正対策として】

　営業担当者が親族等のいわゆる縁故企業を当社の顧客に入れたい場合，その条件として「必ず前受金取引としますから」と言うことがある。確かに前受金取引であれば売掛金の貸倒リスクはなく売上高を獲得する機会が得られるので，上席者や総経理は新規顧客として承認する。

　しかしながら，上記のよくある問題点のように前受金入金管理が不十分であると，なし崩し的に売掛金取引とされるリスクがある。もっというと，営業担当者は最初から当社の前受金入金管理に不備がある（結局は営業担当者個人の管理に任されてしまう）ことを知っていて，当初は前受金取引とするも徐々に多額の売掛金取引とする。顧客と連絡が取れなくなる直前に営業担当者は当社から退職する。

　普段から，上述の理想的な状況に記載されている前受金モニタリングを行えば，不正者に付け入るスキを与えない。

【適正な財務諸表作成のために】

　中国現地法人の残高試算表を閲覧すると，顧客別の売掛金残高がマイナス残になっているのを見ることが多い。この原因は，財務会計担当者が顧客ごとの取引条件（売掛金取引か前受金取引か）を把握していない，または顧客別の受注・出荷データと入金額の関連性を把握していないため，顧客からの入金額を売掛金・前受金の区別を行わず全て売掛金の入金として会計処理するからである。

〈例：顧客Ａから10万元の入金があった場合〉

　（借）銀 行 預 金　　100,000元　　　（貸）売 　掛 　金　　100,000元

　実際は前受金の入金であったとしても上記の仕訳を起票する。結果として，前受金顧客については売掛金残高がマイナスとなり，貸借対照表上の会社全体の売掛金残高が過少計上されるのである。

　対策は次のとおりである。

(1)　財務会計部門は全ての顧客との基本契約書内容や新規顧客承認書，与信限度額承認書を閲覧し，顧客別に前受金取引であるのか売掛金取引であるのか

第2章　利益拡大を達成するための各問題点と管理手法の説明

を把握する。

(2)　顧客から入金があった場合は，販売管理システム内の受注データと出荷
　　データを閲覧し，対応する受注データがある場合は前受金の入金であるし，
　　対応する出荷データがある場合は売掛金の入金であると判断する。

(3)　同一顧客で前受金取引と売掛金取引が併存している場合は，入金の都度営
　　業担当者に問い合わせ，前受金入金であるのか売掛金入金であるのかを判断
　　する。

(4)　定期的に顧客別の売掛金・前受金残高リストを営業担当者に配布し，残高
　　の妥当性を検証してもらう。

(5)　取引頻度の多い重要顧客については，定期的に顧客と売掛金・前受金の残
　　高確認を行う。

③ 製造原価を低減する

3−1 BOM表が明確でない

「発注する原材料は，設計図やBOM表との裏付けを明確にする」

【コスト削減のために】

購買取引のスタートは，「何をいくつ買うべきか」を明確にすることである。そのためには，「なぜそれを買うのか」という問いに対する根拠が必要になる。

企業が製品を生産する場合，必ず設計図が作成されBOM表により必要な原材料がリストアップされる。これにより事前にコスト計算がなされ，売値との比較，すなわち採算性の評価が行われる。そうでなければ，計画的に利益を獲得できない。

一部の試作品生産を除き，量産品を生産するために発注される原材料は必ず設計図やBOM表の裏付けがあるべきである。言い方をかえれば，設計図やBOM表に記載されていないものは当社にとって必要でない物品であるから，原材料として発注すべきではない。

【よくある問題点】

当社の生産に必要な原材料リストが明確になっていない。製造部門や生産管理部門，倉庫部門等の要求に基づき，購買部門は仕入先に原材料を発注する。

もちろん，製造部門等を信用すれば，当社の生産に必要のないものは発注しないはずである。しかしながら，購買部門がBOM表に基づく必要原材料リストを把握していないことをいいことに，現場の判断で当社に不要な原材料を発注したり，また必要原材料であっても過大な数量を発注したりする。その結果，当初意図していないコストや過大な在庫と買掛金債務が発生する。

【理想的な状況】

設計部門と品質管理部門で作成したBOM表と必要原材料リストは，関連部門（購買部門，製造部門，生産管理部門，倉庫部門，財務会計部門）で共有される。製造部門や生産管理部門等から原材料の購買要求がなされた場合，購買部門は

第2章 利益拡大を達成するための各問題点と管理手法の説明

設計部門から入手した必要原材料リストと照合し，当社の生産のために確かに必要な原材料であることを確認する。そのうえで仕入先に発注手続を行う。

より厳密に行うために，倉庫部門において仕入先から納品される原材料と必要原材料リストを照合する。必要原材料リストに記載されていない物品が届いた場合は，購買部門や設計部門に問い合わせる。

さらに，財務会計部門においては，仕入先から送付されてくる請求書と発票に記載の品目が，当社の必要原材料リストに記載されているかどうかを確認する。記載されていない場合，関連部署に問い合わせるが，内容が不明確な場合は買掛金の支払を拒否する。

なお，試作品を生産する場合は，BOM表や必要原材料リストが明確になっていない場合がある。この場合は，設計部門や研究開発部門において研究開発予算が設定されている。その予算の範囲内で上席者の承認を得て，試作品生産のための原材料を発注する。

【不正対策として】

上述のよくある問題点に，「現場の判断で当社に不要な原材料を発注したり」と記載した。不要な原材料とは，現場従業員が勝手に原材料を安価なものに変更する場合や，ひどいものになると当社とは関係ない親族や友人の工場で必要な原材料を発注し，仕入先に直接親族等の工場に納品させる。この場合，購入代金の負担者は発注者である当社になる。

設計図やBOM表，必要原材料リストは，一義的には生産管理や品質管理上の意義があるものである。同時にこのような不正防止のためにも当社が必要とする原材料リストを適切に作成し，不要な原材料コストが発生しないようにする必要がある。

3−2　担当者が独断で発注している

「原材料等を仕入先に発注する場合は，上席者の承認を得ることを義務付ける」

【コスト削減のために】

　必要な原材料や商品を必要な量だけ仕入先に発注することは，コスト削減は
もちろん，棚卸資産残高を削減することによりキャッシュフローの改善にもつ
ながる。

　原材料市場の需給の状況，仕入先の状況は時期によって変化するものである
から，仕入先と直接交渉している購買担当者がこれらの内容に習熟している。
しかしながら，購買担当者のミスや錯誤によって余剰な原材料等が購入される
ことは人間が行っている以上発生しうるリスクである。これを防止するために
は，上席者による確認・承認が必要である。

【よくある問題点】

　購買担当者が独断で原材料等を発注している。購買発注の頻度は多いため，
ほんのたまにのミスや錯誤による誤発注であっても，数年間累積すると多額の
不要な発注額となる。

　購買部長は在籍しているが，発注業務は購買担当者に任せっきりとなってお
り，会社全体としてどれだけ発注がなされているかを認識していない。

【理想的な状況】

　購買担当者は必要原材料等について発注書を作成し，上席者の確認・承認サ
インを事前に得てから仕入先に送信している。購買管理システムの機能を利用
して，購買担当者がシステムに発注データを入力し，上席者がシステム画面上
で承認クリックを行うと，システムから発注書が生成され仕入先に送信できる
仕組みとなっている。

　購買部長の出張等により都度の事前承認ができない場合は，日々の発注書
データをリスト形式で取りまとめ，事後に購買部長の承認サインを得ている。
この場合でも購買管理システムに日々の発注データを入力しておけば，購買部
長はインターネット回線を利用して遠方でも任意の時間にパソコン画面上で発
注データリストを閲覧・承認できる。中国で多く普及している用度システムや
金蝶システムには，このような遠方の端末パソコンやスマートフォンによる承
認機能がオプションで付加できる。

第2章　利益拡大を達成するための各問題点と管理手法の説明

なお，購買部長等上席者が発注データを確認する場合のチェックポイントは次のとおりである。

□　仕入先は会社の承認を得た企業か（「3－4　新規仕入先の調査がなされていない」参照）。

□　品目は当社製品にかかるBOM表に記載されているものか（「3－1　BOM表が明確でない」参照）。

□　発注単価は合い見積りによる検討を経たものか（「3－3　原材料購入に際して合い見積りを取っていない」参照）。

□　発注数量は，生産計画や購買計画，在庫残数量と整合しているか（3－8　「購買発注トリガーが不明確」参照）。

【不正対策として】

仕入発注に関連するよくある不正事例として，

(1)　仕入先に不要な物品を発注し，納品先は購買担当者の親族等の会社とする

(2)　仕入先に不要な物品または過大な数量を発注し，その見返りとしてキックバックを購買担当者が得る

(3)　仕入先に恣意的に高い単価で発注し，その見返りとしてキックバックを購買担当者は得る

が挙げられる。

これらの不正対策として，購買担当者が独断で発注することなく上席者が上記チェックポイントに沿った確認・承認を行う必要がある。

【適正な財務諸表作成のために】

年度決算において，滞留原材料（貿易会社の場合は滞留商品）の減損が論点となる。会計上は，長期間滞留して棚卸資産としての価値がなくなった場合は取得原価と正味実現可能価額の差額を減損引当金として計上することが要求される。原材料（あるいは商品）ごとに正味実現可能価額を算定することは非常に手間と判断を要する。

滞留原材料等が発生した原因を調査すると，

(1) 顧客が必要としているとの情報に基づき見込みで購買したが，その後不要になった。顧客から発注書や契約書は得ていなかった（口頭発注であった）ため，根拠をもって顧客に求償できない

(2) 製品の生産が計画よりも早期に終了したため，原材料が不要になった。仕入先は返品に応じてくれなかった

(3) 仕入先は「ロット数×3,000個」でしか発注を受け付けてくれないため，必要量よりも多く購買せざるを得なかった

(4) 購買担当者のミスにより過大数量を発注した

などが挙げられる。

　上記の(4)は単純なミスであるが，(1)～(3)についてはある程度の経営判断（顧客からの受注見通しや製品の生産見通し）が必要になる。先行き見通し判断の結果，致し方なく滞留原材料等が発生してしまう場合があるが，その場合でも発注判断が担当者の独断ではなく，当時の上席者による判断のもとで発注したという証跡（発注書への承認サイン）を残しておくことは，適正な内部統制を備えていることを立証するうえで重要である。

3－3　原材料購入に際して合い見積りを取っていない

　「原材料や商品の購買に際しては，事前に合い見積りを入手し組織的に比較検討する」

【コスト削減のために】

　同種の原材料や商品であっても，仕入先によって価格やサービスが異なることが通常である。複数の仕入先から見積書を入手して，比較検討のうえ会社として購買対象を選定することによってコスト削減が期待できる。

　なお，合い見積りによって必ずしも最安値の仕入先が選定されるわけではない。購買単価は安くても，アフターサービスや仕入先の信用度によっては最安値ではない仕入先や商品を選定することが合理的である場合がある。そのため，購買担当者個人の判断で決めるのではなく，上席者や関連部署の意見を聴取のうえ組織的に決定することが望まれる。

第2章　利益拡大を達成するための各問題点と管理手法の説明

【よくある問題点】

　購買担当者にヒアリングすると，合い見積りは取っているとのことであるが合い見積り比較表は作成していない。また上席者に相談しているとは言うが，承認を受けた証跡・資料は残されていない。不正調査を依頼されたコンサルティング会社がインターネットで価格を調査すると，より安い価格の原材料が簡単に見つかる。

　また，見積書の作成を依頼する複数の仕入先候補は，購買担当者が独自で探してきた企業である。1人による仕入先捜索では，捜索範囲が狭くなったり恣意性が介入したりする。

【理想的な状況】

　仕入先に原材料や商品の発注を行う前に，合い見積りを入手し比較検討している。ただし，原材料の発注は日々行われ頻度が高いため，発注手続の都度事前に合い見積りは入手していない。半年に一度複数の仕入先に対して見積書の作成を依頼し，入手した見積書の結果を「合い見積り比較表」に取りまとめている。

　「合い見積り比較表」には，対象原材料の内容，品質，価格，支払条件，アフターサービス（返品の対応可否を含む）等が仕入先別に記載される。そのうえで購買先が選定され，上席者の承認サインが記載される。

　「合い見積り比較表」は購買部が作成するが，関連部署（品質管理部門，生産管理部門，財務会計部門，経営層）にも回付される。購買部以外の者がより安く購入できる仕入先を発見した場合は，購買部門または経営層に連絡することとしている。実際にコスト低減が達成できた場合は，新仕入先を発見した者に報奨金を出している事例もある。

　また，財務会計部門が支払申請書を受領する際，「合い見積り比較表」に記載されていない仕入先や原材料等を発見した場合は購買部長に問い合わせ，本当に購買承認がなされたものであるのかを確認することとしている。

　さらに，仕入先からの購買価格が徐々に高くなっていないかを把握するために，半年に一度の頻度で合い見積りを入手し直している。

93

【合い見積り比較表の例，運送会社選定の場合】

起案者	営業部長	品質管理部長	生産管理部長	財務部長	総経理

		A運輸公司	B運輸公司	C運輸公司
0	新規仕入先認定（更新）時期	2017／3／5	2017／6／10	2017／11／1
1	合い見積り入手時期	2018／2／28	2018／2／26	2018／2／27
2	主要区間運賃（10M，人民元，その他区間，積降費用等は各社見積書参照）			
	蘇州－上海	1,500	1,750	2,000
	北京－上海	9,500	10,200	12,000
	広州－上海	9,000	9,800	11,000
3	発注受付時期	3日前まで	2日前まで	当日のAM10時まで
4	トラック台数	100台	50台	15台
5	過去の誤配・遅延頻度	少ない	ない	少ない
	当社利用方針	通常優先	高価品につき優先	緊急の場合利用

【不正対策として】

　仕入先からのキックバックを得る場合は，往々にして仕入先の選定が購買担当者や購買部長の独断で行われている。高い価格での取引を作為的に容認することによって，仕入先に余剰利益を発生させその中からキックバックを当社の購買担当者に還流させるのである。

　逆に，合い見積り比較を厳密に行っている場合は仕入先に余剰利益生じないため，仕入先はキックバックを払ってまで，換言すると損を被ってまで当社と取引を行う誘因がなくなる。

　また，合い見積り比較表を作成しているものの，候補仕入先のA社，B社，C社と当社の購買担当者が当初から通謀しており，3社に意図的な見積書の作成を指示している。つまり，最初から落札企業が決まっているケースがある。筆者が属するレイズビジネスコンサルティングでは，不正調査の依頼を受け，落選した候補企業に訪問して合い見積りが適切に行われたかどうかをヒアリングしたことがある。落選企業の営業担当者から，「次回の発注を条件に，当社の定価よりも高い価格の見積書の作成を貴社の購買部長から依頼された。しか

しながら，その後の発注はまだいただいていない」という不満のコメントを得たことがある。

上述の【理想的な状況】においては，購買部門以外の関連部門（品質管理部門，生産管理部門，財務会計部門等）にも「合い見積り比較表」を回付し，より安い仕入先を発見した者には報奨金を出す事例を紹介している。これにより，購買部門が恣意的な仕入先選定を行えなくなる牽制としている。

３－４　新規仕入先の調査がなされていない

「新たな仕入先と取引を開始する前に，当該企業が一定水準以上の品質の原材料等を安定的に供給する能力があるかどうかを事前に調査する」

【コスト低減のために】

前項で定期的な合い見積り入手の必要性を説明した。加えて，安定的な取引を行うためには，新規の仕入先が一定水準以上の品質の原材料や商品を安定的に供給する能力を有しているかどうかを事前に調査する必要がある。

【よくある問題点】

合い見積りの段階で落札するために，過度に安い価格や，実際にはできないアフターサービス等を見積書に記載してくる仕入先がある。取引開始当初は問題なくても，徐々に対応が粗雑になっていき，品質の低い原材料を提供するようになってくる。そうなると当社の受入れ検収時に原材料が不合格になり在庫に欠品が生じる，あるいは品質の低い原材料をそのまま生産に利用してしまい，当社製品の品質まで低下してしまう。

【理想的な状況】

「２－２　顧客の与信管理がなされていない」において述べたが，中国でも企業の信用調査を行う場合は信用調査会社に委託する方法がある。仕入先の調査においても利用できるが，調査報告書に記載されているＢ／Ｓ，Ｐ／Ｌは必ずしも実態を示しているとはいいがたい。

対策として，Ｂ／Ｓ，Ｐ／Ｌの情報のほかに，実際に顧客の事業所に訪問し，経営者の人柄，取扱原材料の業界，工場の規模と稼働状況，工場内の整理整頓

状況，製品在庫の多寡，従業員の表情といった定性的な情報を目視で確認する必要がある。

　また，時間の経過とともに仕入先の外部環境や内部環境が変化することがあるため，少なくとも年1度程度は仕入先調査を更新する必要がある。

【新規仕入先調査表の例】

新規（更新）仕入先調査票

※　1年に一度更新のために再起案する。

調査票作成日　　20　年　月　日

起案者	司馬遷		起案部門	購買課	
取引会社	会社名	○○有限公司			
添付資料		営業許可証　　税務登記証			

当社との取引予定内容／申請理由（以下に記載）

・従来から部品○○について中国内調達先を模索していましたところ，工程検査，試作品検査につき当社品質管理課の合格を得ましたので，新規仕入先として具申します。

今後3年間の取引予想	当年度	翌年度	翌々年度
	100万元	300万元	400万元
支払方式	前金　　or　　(発票発行後　60　日)		

仕入先の性質	該当に○を付ける	
	①	当社グループ企業
	②	当社グループ企業による指定会社
	③	当社グループ企業が取引を継続している会社
○	④	当社独自選定企業
	（上記①～③の場合，以下の調査項目の記入は不要）	

取引先の規模	年間売上高　約5,000万元		従業員数	約150人	社歴	10年	実績	（別紙パンフレット参照）
取引先への訪問	未訪問　(訪問済み)（訪問日：2017年1月20日　取引先面談者　趙雲総経理，徐庶営業経理）							
信用調査の必要性	(必要)　or　　不要							
	（必要の場合は，信用調査会社の調査報告書を別途添付する）							
経営者の人柄	良	取扱製品の業界	良	業界の成長率	年間約3％成長			
工場の稼働状況	良	整理整頓の状況	良	在庫の多寡	適正			

部門責任者審議・意見	同意	
部門責任者署名	曹操	20xx年　月　日

総経理審議・意見	同意	
総経理署名	孫権	20xx年　月　日

第2章 利益拡大を達成するための各問題点と管理手法の説明

【新規仕入先調査プロセスの業務フローの例】

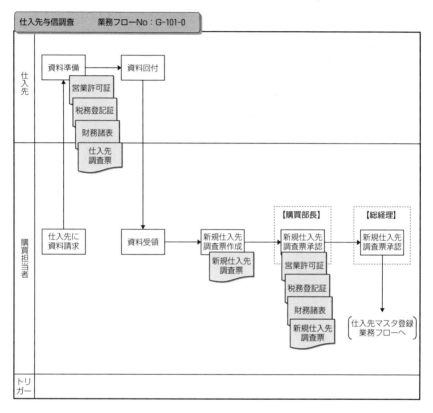

【不正対策として】

　新規仕入先の調査を行うことによって，当社と正規の仕入先の間に従業員の縁故企業を介在させ，さや抜きを行うことが困難になる。

　従業員の縁故企業であっても業歴と業界の信用を得ている適切な企業であり，当社の生産に寄与できる能力を有している企業であれば，当社と仕入取引を行うことに問題はない。しかしながら，不正の意図を持って当社にメリットがない介在取引を行う場合は，ほとんどの場合が社歴のない設立間もないペーパーカンパニーである。介在取引を行うために，親族や友人の名義を借りて急遽設立した会社であることが多い。多額の取引が想定される場合は，従業員任せに

せず経営層が自ら新規仕入先候補の事業所に訪問し，上述の調査項目を目視で確認することは，購買担当者に対する牽制として非常に有効である。

3－5　不良品の発生金額が集計されていない

「各種不良品を低減するためには不良品種類別の原価額を集計し，不良削減対策に優先順位をつける」

【コスト削減のために】

通常，どの製造企業でも工程において不良品が発生する。不良品は生産原価のロスであるから，原材料の品質変更や配合割合の変更，生産工程の改善等の対策によって削減策が講じられる。

技術的な改善方法については他の専門書に譲るとして，本書では内部統制の観点から，対策の優先順位付けのための不良品原価の算定について説明したい。

【よくある問題点】

工程ごとに発生する不良品「数量」は把握されているものの，それぞれの工程でいくらの不良品「原価」が発生したかは算定されていない。

小さな生産工程において，有能で経験の深い日本人技術指導者であれば不良品種類によっておおよその見積原価を頭の中で計算できるかもしれない。また工程の目視によって，不良品対策の優先順位をつけて改善を指導することもできる。

しかしながら，有能な日本人技術者が帰任し，後任の技術指導者が何度か入れ替わるうちに不良品発生が常態化してしまう。

中国の工場においては，製品原価や原材料原価，採算性の情報が製造現場担当者に知らされていないことが多い。そのため，生産現場担当者はコスト節減意識に乏しい。不良品が多量に発生しても直ちに自身の手取り給与が減少するわけではない，会社の損益状況には関心がないため，日々不良品が発生しても問題意識がない。

【理想的な状況】

各工程に付属する検査工程において発生した不良品種類別に，不良品原価を

算定している。ただし，実際原価計算によると算定のために当月の原材料費，労務費，製造経費の集計と原価計算の終了を待つ必要があるためタイムリーさに欠ける。そのため，半年ごとに過去の実績から不良品種類別の平均単位原価を算出し，これを予定単位原価として毎月発生する工程別不良品発生数量に乗じて不良品原価を算出している。

工程別の不良品原価は生産管理部門と品質管理部門によってABC分析され，原因の解明と対策案の検討がなされる。対策案は，「現場担当者に注意を促す」という簡単な対策から，原材料の見直し，生産プロセスの変更，工程レイアウトの変更や生産設備の入れ替え等多額のコストを要するものもある。多額のコストをかけてでも改善策を実行したほうがよいかどうかは，改善コストと将来の不良品原価を比較天秤にかけて経営層により判断される。

【不正対策として】

アパレル製造業に多いが，工場から出た不良品やB級品を良品と偽ってインターネットの個人売買サイトにアップし，安価で販売する。販売代金は当社から不良品を横領した従業員個人のポケットに入る。

また，金属加工業においては，不良品や作業くずであっても金属としての価値があるため，廃品回収業者に売却し売却代金を着服する。売却単価は安くても大きな工場であれば量が多いため，数年間累積すると数十万人民元以上の売却代金横領額になることは少なくない。

対策として，不良品数量は会社として入出庫及び残数量を記帳し，廃品回収業者に鉄くずとして売却する場合は財務部門が立ち会う等の牽制が必要である。

【適正な財務諸表作成のために】

会計上，不良品原価を区分して認識，測定していない場合，不良品原価はどこに計上されるかというと，完成品売上原価，仕掛品原価，完成品残高それぞれに含まれて計上されることになる。そのため，製品種類別の粗利が不良品原価の分少なく計上され，不良品原価が多額である場合製品種類別の正常な採算性を評価できない。また，完成品残高に含まれるということは，完成品残高が過大となり，採算の悪化が翌期の損益に繰り越されてしまう。

製品種類別の粗利益を適正に算定するためには，不良品種類別の原価を算定し，正常な（少額の）不良品原価であれば製品種類別に直課または配賦する。異常な（多額の）不良品原価であれば区分把握して営業外損益に計上する必要がある。

3－6　試作品・サンプル品の事前承認制度がない

「試作品・サンプル品を生産する場合，及び見込み顧客に無償提供する場合は，事前に所定の承認を得ることとする」

【コスト削減のために】

見込み顧客の要望に応じて，新製品を試作または既存製品の改良を行い，顧客への無償提供を行うことがある。顧客に当社の技術開発力，新製品の機能を評価してもらい，その後の大量受注を獲得するためには有効な行為である。

しかしながら，無制限に試作品を無償で顧客に提供すると，たとえ量産受注による利益を獲得できたとしても試作品コストで損をしているということになりかねない。必要十分な試作品・サンプル品を生産し提供できるようコントロールする必要がある。

【よくある問題点】

ライバル会社との競争に勝つことを意識するあまり，顧客の言いなりになって試作品の開発・生産やサンプル品の無償提供を行う。営業担当者は量産受注によって獲得が期待できる売上高については把握しているものの，対応する量産品原価がいくらかかるかについては精緻には把握していない。みごと受注できればよいが，残念ながらライバル会社に敗れた場合は試作品・サンプル品コストのみがP／Lに計上される。

または，顧客からのクレームに対する償いとして，無償サンプル品を多量に顧客に提供する。売掛金の減額や賠償金の支払を行う場合，上席者の承認や財務部への申請が必要になるが，無償サンプル品の提供は営業担当者個人の裁量に任されている場合に発生することが多い。その結果，売上高の計上や入金は計画どおり発生しているにもかかわらず，サンプル品費用の影響で利益は思っ

たほど伸びない。

【理想的な状況】

まず試作品の生産については，事前に案件別の予算が設定される。量産品受注に至った場合に獲得できると見込まれる売上高や粗利益に基づき，試作品予算額が設定される。

試作品については一度で顧客を満足することは少なく，何度も修正，改良を加えることが多い。そのために必要となる原材料の購買の都度正式な稟議書や必要理由を記載すると業務負荷が高くなりタイムリーな原材料取得が行えなくなる可能性があるため，予算内では開発部門担当者の裁量をある程度認めつつ必要な原材料の発注を承認する。

次に，試作品やサンプル品を顧客に無償提供する段階でも所定の承認が必要となる。もし量産受注の可能性が低ければ，試作品等は顧客に提供せず自社で保有する，という選択肢もありうる。この場合，顧客の検収のためにいったんは試作品を顧客に預けるものの，失注した場合は返還してもらう。

みごと受注に至った場合は所定の承認を得て顧客に無償提供する。

【不正対策として】

サンプル品を営業担当者等個人の独断で顧客に提供できる場合，これを利用して意図的に在庫を第三者に横流しされることがある。

1つ目のケースは，正当な顧客に無償サンプル品を提供するものの，営業担当者はこれを有償品と顧客に偽って販売代金を個人的に収受する。

2つ目のケースは，当社と取引関係のない第三者に対して，無償サンプル品を提供し営業担当者は個人的に代金を収受する。「なぜ当社と取引のない者に対してサンプル品を無償提供するのか？」と指摘されると，「見込み顧客であるから」という言い訳がセットになっている。

3つ目のケースは大胆にも，工場長等の親族や友人が関与する他社の製品を当社の工場で無償で生産させる事例である。当社の製品と直接関係のない製品の生産を行うことになるが，その理由を工場長にたずねると，「試作品です」という答えが返ってくる。その「試作品」生産に必要な原材料，労務費，設備

101

の減価償却費，電気代等コストは当社負担である。適正な製品種類別原価計算が行われていない場合は，他の正規品の製造原価に混じるため「試作品原価」ははっきりとしない。その後「試作品」は生産されなくなるが，その理由をたずねると「失注しました」という答えが返ってくる。

【適正な財務諸表作成のために】

　営業担当者が何の申請，書面記録もなく勝手に倉庫からサンプル品を持ち出すことができる場合，会計帳簿の費用明細においてサンプル品費用が明確に計上されないことがある。特に，売上原価を棚卸法で計上している場合，サンプル品費用は正常出荷の売上原価に自動的に合算されてしまう。区分して認識測定することはできない。

　中国の増値税課税上，サンプル品を顧客等に無償提供した場合，売上高はゼロであっても正常に販売したと仮定した場合の売上高を算定して，対応する売上増値税を申告納税する必要がある（増値税暫行条例実施細則第4条(8)）。つまり，サンプル品提供は「みなし物品販売」として増値税の課税対象とされる。サンプル品数量や原価がわからなければ，この「みなし物品販売」にかかる売上増値税を算定できないため，未払増値税額が過少計上となる。

　対策としては，事前のサンプル品申請承認にかかる書面記録を作成するとともに，対応する製商品の出庫票に「サンプル品」である旨を記録し製商品の入出庫台帳に反映させる必要がある。

第2章 利益拡大を達成するための各問題点と管理手法の説明

【サンプル品出荷事前承認票の例】

無償サンプル品出荷承認票

※ 当承認票は，顧客に対して無料サンプル品を出荷する前に起案する。

提出日　　年　月　日

起案者		劉備	起案部門		営業二部	
取引会社	会社名	○○有限公司				
品名		生産工場	仕入単価(RMB)	標準売価(RMB)		備考
RX-77-2 赤		神奈川	500	900		送料も当社負担
サンプル提供量		10個	納期	年　月　日		
無償サンプル品申請理由　（以下に記載）						
・試作品として神奈川工場で生産されたRX-77-2を顧客に提供し，顧客で性能試験を行っていただくため。						
部門責任者審議・意見		同意				
部門責任者署名			曹操			年　月　日
総経理審議・意見		同意				
総経理署名			孫権			年　月　日

【サンプル品出荷業務フローの例】

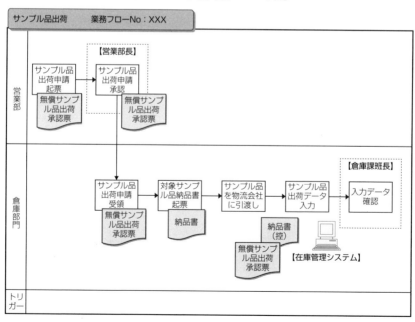

103

3－7　試作品・サンプル品の事後報告制度がない

「試作品・サンプル品を提供したら，その後顧客がどう評価したかについて営業担当者に報告書を記載させる」

【コスト低減のために】

前項において試作品・サンプル品を顧客に提供するにあたって事前承認の必要性について説明した。加えて，その後見込み顧客が試作品等をどのように評価し，合格／不合格の結果，量産品受注につながったかどうかについても追跡する必要がある。

【よくある問題点】

顧客に試作品やサンプル品を提供すること自体が目的となっており，その後の顧客による評価を書面化していない。そのため，見込み顧客からの量産品受注機会を取りこぼす可能性がある。

気の利いた営業担当者であれば，顧客に口頭でその後の評価結果をたずねているが，失注した場合は上席者に報告していない。顧客から安易な無償品提供を何度もねだられるリスクもある。

【理想的な状況】

前項の「無償サンプル品出荷承認票」と対にして，事後的に「サンプル品顧客評価結果報告書」を営業担当者に作成してもらう。可能性としてその後の量産品受注に至らないこともある。その場合は，量産品受注に至らなかった理由，顧客のコメントを「サンプル品顧客評価結果報告書」に記載する。当該報告書は営業部門，品質管理部門，開発部門，工場長，総経理にEメールで配信され情報共有がなされる。重要な案件については，月1度の生産会議等において対策が協議・検討される。

失注顧客から同じ試作品・サンプル品の提供要求を再度受けた場合は，慎重に「無償サンプル品出荷承認票」の承認可否を検討する。

第2章　利益拡大を達成するための各問題点と管理手法の説明

3－8　購買発注トリガーが不明確

「原材料等の購買に際しては，発注の根拠（購買計画や在庫残数量）を明確にする。これに基づき発注手続を行う」

【資金繰り改善のために】

「Just in Time方式」の主要コンセプトの一つに，在庫残高を圧縮し資金が棚卸資産に過大に拘束されることがないようにするというものがある。必要な原材料や商品を必要なだけ購入することによって，不要な資金の社外流出を防ぎ手元資金残高が厚く確保される。

【よくある問題点】

多量に原材料を発注すると仕入先から大幅値引が得られることに着目して，現時点の生産計画に見合わない過大な原材料の発注を行う。ひどいものになると1年分や2年分もの多量の原材料を発注する。発注担当者にヒアリングすると，「いずれ消費されるものであるから大量に発注しても問題ない」という。

しかしながら，製品のライフサイクルは流動的で，また原材料についても技術の進展により安く高機能なものが市場に供給されることがある。そうなれば発注の変更を行う必要があるが，過去の発注契約に縛られてタイムリーな仕入変更ができない。

また，多量の原材料の保管場所も問題になる。全て自社倉庫に受け入れれば倉庫内の相当のスペースを占拠してしまう。そのため仕入先の倉庫に預けるが，仕入先も在庫管理が十分でない場合，紛失等の流出によりあとで「貴社の在庫は保管されていない」というトラブルが発生することもある。

【理想的な状況】

発注トリガーとして望ましいのは，顧客からの受注に基づく製品生産計画の策定，そしてこれとBOM表に基づく購買計画の策定である。すなわち，原材料等の必要量を明確にすることである。もちろん，当社工程における生産不良や歩減り，仕入先への発注から納品までのリードタイムなどを考慮し多少のバッファーは持たなければならないが，これも購買担当者の独断で決めるので

105

はなく「必要量の＋15％」のようにバッファーの基準を決めておく。

　少額消耗品や工具等生産計画と必ずしもひも付きにならない間接原材料・消耗品については，在庫数量を発注トリガーとすることが有効である。例えば，「ドリルの倉庫内残数量が5本を下回ると，残数20本になるように発注する」というルールを設定しておけば，過大に発注されることはない。

　これらを実現するためには，営業部門，生産管理部門，倉庫部門及び購買部門の間でタイムリーな情報連繋が必要になる。

3－9　二重発注を行っている

　「仕入先への原材料や商品の発注に際しては，発注担当者間で発注データベースを共有し，二重発注を防ぐ」

【コスト低減のために】

　夫婦間でも夫と妻それぞれが気を利かせて，同じものを購入してしまうことがある。夫婦間でたまに発生するのであれば笑い話で済むが，企業活動として複数の発注担当者がそれぞれ同じものを発注するような場合は二重購買により多額の損失が発生するリスクがある。

　前項の「購買トリガーが不明確」で述べたとおり，原材料等の発注は発注担当者の独断ではなく発注根拠を明確にしたうえで発注する必要がある。

　本項では加えて，複数の発注担当者がいる場合には，発注根拠を共有のデータベースとし，要発注リストと発注済みデータを照合消込みすることを述べる。

【よくある問題点】

　発注手続が担当者別に行われ，他の担当者がどのような発注を行ったかは共有されていない。

　ある程度，仕入先別や製品カテゴリー別に発注担当者が分けられている場合，担当者Aが発注手続を失念しても，担当者Bは気づかない（というより，自分の問題ではないと思っている）。

　購買部長も部下の各担当者に発注業務を任せきっており，各発注者による発注リストはシステム上で閲覧できるものの，特に目を通していない。

106

第2章　利益拡大を達成するための各問題点と管理手法の説明

そのため，担当者による二重発注や，発注洩れが生じる。過大発注に気づくのは定期的な棚卸による在庫数量把握時点であり，発注洩れに気づくのは原材料欠品による生産停止時点である。

【理想的な状況】

購買システム上で生産計画とBOM表から演繹された原材料の購買計画（品目，数量，発注時期等）が生成されている。ここで購買計画は「原材料の要発注リスト」である。発注担当者は購買計画に基づき仕入先と協議し必要原材料の納期対応可否を確かめる。その後，発注書を作成し上席者の確認サインを得て仕入先に送付するとともに，購買計画表の発注品目ごとに「発注済み数量」を入力する。システムの機能上，必要原材料数量を超えた発注数量の入力を行うと画面上にエラーが表示される。

分割発注（例：必要原材料は1,000個であるが，仕入先の供給能力が間に合わないためとりあえず600個発注する等）を行う場合があるので，未発注残数量（上記の例では400個）は購買計画表上の品目別に表示される。

購買計画は購買部門内の各担当者及び購買部門上席者に閲覧権限が与えられている。購買部門上席者は定期的に購買システム上の購買計画画面を閲覧し，必要原材料がスムーズに発注されているかを確認している。未発注となっている案件についてはその理由を担当者に問い合わせ，適切な対応指示を行っている。

【不正対策として】

これまで何度か述べたが，「発注判断が担当者個人に任されている」，「上席者が発注データを見ていない」状況の場合，意図的に不要または過大な原材料を発注し，仕入先に過剰な利益を与えたうえで，仕入先からキックバックを得るという不正が起こる温床となる。

「必要なものを必要なだけ適時に発注する」ためには，担当者個人の意識や能力に任せるのではなく，組織としてそれを可能とする仕組みを構築する必要がある。

107

3−10　発注残を確認せずに発注している

「原材料や商品の発注データとその後の納品入庫データの差分，すなわち発注残を組織的に把握し，二重発注を防ぐ」

【コスト低減のために】

仕入先に納期を指定して発注したものの期限までに納品されず，改めて発注書を仕入先に送付すると，同じものが二重に届くことがある。

このようなことが生じないよう，発注データと納品入庫データの差分，すなわち発注残データを把握し，納期を経過しても納品されていない原材料等については適時に仕入先への督促と新納期の把握を行う必要がある。あわせて，納品遅れが生産に与える影響も検討しなければならない。

【よくある問題点】

発注残データが社内で生成されていない。

発注データは購買部門で生成・管理している。一方，仕入先からの原材料納品データは倉庫部門が把握・管理している。納品データは適時に倉庫部門から購買部門に伝達され，購買部門において発注残消込みを本来行うべきであるが，納品データが倉庫部門から購買部門に伝達されていない，または伝達されていても不完全であったり適時性に欠けていたりする。

購買部門担当者は，「自分が発注すれば仕入先は納期どおりに原材料等を納品してくる『べき』である。納品してこなければ，仕入先が悪いのであって私のミスではない」と主張する。倉庫部門に納品データを問い合わせようとしないし，発注残データを作成しようとしないし，納期遅れ品について仕入先への督促は行わないし，生産管理部門への伝達も行わない。

特に，原材料種類が千種類以上のような多量にあるにもかかわらず，手作業やExcelで発注データと納品データを管理している場合，確かに全ての発注データと納品データを1件別に突合せ，消込み作業を行うことは業務負荷が高すぎる。

第2章　利益拡大を達成するための各問題点と管理手法の説明

【理想的な状況】

　購買在庫管理システムを利用している。発注データは購買部門で入力される。また，倉庫部門は購買部門が入力した発注データを，倉庫現場に設置されているパソコン画面で閲覧することができる。

　仕入先から原材料等の納品がなされた場合，倉庫担当者はまず現物に添付されている納品書と自社の発注データを照合し，当該品物が自社の購買部門が発注したものであるかを確かめる。納品書記載の品目と数量が発注データにあれば，箱を開封して原材料の品目，数量，品質の検収手続に入る。

　良品として認定されれば，それを自社倉庫に倉入れする。同時に，購買在庫管理システムに原材料等の入庫データを入力する。入力にあたっては，購買部門が事前に入力した発注データを呼び出し，該当する品目に倉庫部門が検収入庫した実際数量を入力する。これにより，システム内で「発注データと検収入庫データの照合」がなされ，未入庫品にかかる「発注残データ」が自動で生成される。

　発注数量を超える入庫数量を入力すると，倉庫部門のパソコン画面で「エラー」が表示される設定・機能が設けられている。

109

【原材料入庫から発注残管理への業務フローの例】

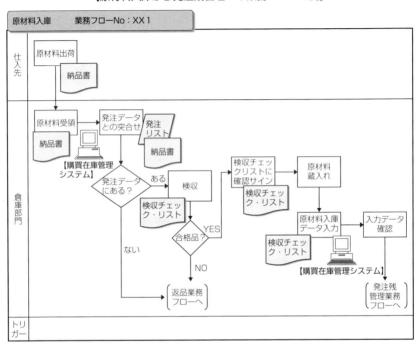

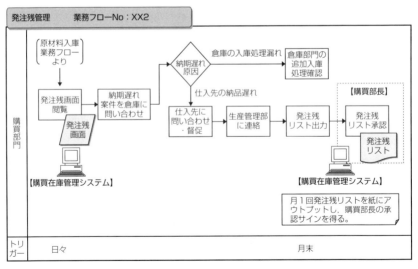

第2章　利益拡大を達成するための各問題点と管理手法の説明

【適正な財務諸表作成のために】

　納期を経過したにもかかわらず原材料等が納品されていない状態，すなわち
発注残には2種類ある。

　一つは，仕入先が納期どおりに出荷できなかった，あるいは輸送途中でトラ
ブルにあった等により，本当に当社に原材料等が納品されなかったケースであ
る。この場合は，上述のとおり仕入先への適時の問い合わせや生産計画の再検
討を行うことになる。

　もう一つは，本当は当社に納品されたものの，倉庫部門のミスにより入庫
データ入力が洩れていたケースである。この場合，会計帳簿上の仕入額が過少
計上となってしまう。対策として，現場を確認のうえ修正のための入庫データ
を入力する必要がある。これにより，一定期間における洩れのない仕入／買掛
金データにつながる。

　受注残モニタリングには仕入高／買掛金金額の適正計上にも役立つ。そのた
め，適正な財務諸表作成目的の内部統制（J-SOX）においては，「受注残モニタ
リング」が重要なキーコントロールとして設定されるのである。

3−11　購入単価が水増しされている

　「毎月送られてくる仕入先発行の請求明細や発票記載の購入単価が，当初の
見積書単価または契約単価から勝手に値上げされていないかを継続的に確認す
る」

【コスト低減のために】

　新規取引開始時においては合い見積りに勝つために安い見積単価を提示し受
注するものの，その後徐々に値上げを行う仕入先がある。例えば，当初は部品
1個当たり2.5元の単価を提示しておきながら，代金請求段階では1個当たり
2.8元で計算してくる。当社が気づいて仕入先に指摘すると，お詫びと請求額
の訂正がなされるが，気づかなければ2.5元から2.8元の値上げであり12%のコ
スト増加である。

　中国では年々インフレーションであるため，仕入先の値上げにも相応の理由

111

がある場合がある。しかしながら，その場合でも黙って請求書の単価を上乗せしてくるのではなく，正式な見積書を作成のうえ連絡と説明を行ってほしいものである。

【よくある問題点】

仕入先から送付されてくる請求書や発票に記載されている請求単価を誰もチェックしていない。

1社の仕入先から数十種類の物品を仕入れている場合，請求明細は数百行になることがある。これをいちいち手作業で，当初の見積書や契約書記載の単価と照合することは業務負荷が高いため，詳細には実施せず，合計額（例：20万元等）の妥当性と心証のみで「確認」したことにしている。

購買担当者は請求合計額に基づき支払申請書を起票する。上席者である購買部長や財務部長，総経理まで部下の確認サインを鵜呑みにして承認サインを記載している。そのまま，単価水増しがなされた買掛金額を仕入先に振り込んでいる。

【理想的な状況】

まず，当初の仕入先から見積書を入手した時点で上席者が確認と承認を行う（購買単価承認手続については，「3－3　原材料購入に際して合い見積りを取っていない」を参照）。購買管理システムを利用し，確定した購入単価をマスタとしてシステムに登録する。かつ，正しく単価マスタが入力されたことを入力者以外の第三者が確認する。

その後の発注段階においては，必ず購買管理システムから発注書を出力するルールとする。この発注書上の発注単価は，品目別の購買単価マスタが反映される機能となっている。

倉庫部門は仕入先から納品された原材料等の品目と数量を在庫管理システムに入力する。システム内で「購買単価×入庫数量＝購買金額」が計算され，会計上の買掛金計上がなされる。

その後，仕入先から請求書と発票が送付されてくる。購買担当者は請求書等と自社の購買データ（購買単価×入庫数量＝購買金額）を1件別に照合し，問題

第2章　利益拡大を達成するための各問題点と管理手法の説明

なければ支払申請書を起票して上席者の承認サインを得たのち財務部門に回付する。

　財務部担当者は，仕入先作成の請求書・発票と自社の買掛金データを照合し，再度支払金額の確認を行う。ここでの確認ポイントは次の２つである。

(1)　仕入先の請求「単価」は，当社で事前に承認されマスタ登録された購買単価と一致しているか

(2)　仕入先の請求「数量」は，当社に実際に納品された物品の数量と一致しているか

　以上を確認のうえ問題なければ，財務部長が支払申請書に確認サインを記載し，総経理に支払申請書を回付し承認サインを得る。

【発注→検収入庫→買掛金計上→支払管理表の例】

（単位：人民元）

発注								検収入庫		買掛金計上					支払	
発注日	仕入先名	品名	単価	数量	数量単位	金額	通貨	入庫日	数量	計上日	発票取得日	発票金額	増値税率	税込み金額	支払日	金額
2017/10/1	AAA有限公司	PP01	80	10,000	個	800,000	RMB	2017/10/25	10,000	2016/10/31	2017/10/31	800,000	17%	936,000	2017/12/31	936,000
2018/1/10	BBB有限公司	PX02	50	8,000	個	400,000	RMB	2018/1/25	5,000	2017/1/31	2018/1/31	250,000	17%	292,500	2018/1/15	292,500
								2018/2/25	3,000	2017/2/28	2018/2/28	150,000	17%	175,500	2018/3/31	100,000
															2018/5/31	75,500
2018/1/25	CCC Co.,Ltd.	PY05	30	900	個	27,000	USD	2018/1/31	500	2017/1/31	2018/1/31	15,000	17%	17,550	2018/1/31	17,550
								2018/2/28	400	2017/2/28						
2018/2/1	AAA有限公司	PY01	70	15,000	個	1,050,000	RMB									

　「発注→検収入庫→買掛金計上→支払」それぞれのオペレーションが，同じ単価で統一的に計算されていることを確認する。

113

【不正リスク対策として】

　仕入先が徐々に単価を値上げする理由として，「顧客の購買担当者にキックバックの資金提供を行うため」という場合がある。仕入先が自己の利益を図るために値上げするのみならず，当社の購買担当者が仕入先に対してキックバックを要求するため，その資金を確保するために値上げするのである。もちろん，当社の購買担当者はその旨を認識しており，仕入先作成の請求明細等の単価が値上げとなっていても黙認して支払申請書を起票し上席者に回付する。多少の値上げであれば，上席者は気がつかない。

　上述の理想的な状況で紹介したような購買管理システムの単価マスタ機能を利用していなければ，財務部門もひそかな値上げは発見しにくい。手作業で発見するためには，財務部門が請求明細記載の全ての取引について当初の見積書や契約書記載の単価と手作業・目視で照合チェックする必要があるが，購買取引は通常頻度高く実施されるため業務負荷が高すぎる。そのため，財務部門は支払申請書に購買部長や総経理の承認サインが記載されていれば，それを鵜呑みにして買掛金の支払オペレーションを行うことになる。

　もっというと，この状況・プロセスの不備を知っているからこそ，当社の購買担当者は仕入先に対して値上げとキックバックの要請を行うのである。

【適正な財務諸表作成のために】

　購買単価は財務データの仕入高／買掛金金額に直結するデータである。購買単価が不当に値上げされると，仕入高／買掛金金額が過大に財務諸表に計上されることになる。

　J-SOXでは，「購買単価マスタの入力牽制（担当者が入力したマスタデータを入力者以外の者が確認した証跡を残すこと）」や，「支払申請書における確認・承認オペレーション」が重要なキーコントロールとして設定されるのは，このように不当に仕入高／買掛金金額が計上されていないことを担保するためである。

第2章　利益拡大を達成するための各問題点と管理手法の説明

3－12　購入数量が水増しされている

「毎月送られてくる仕入先発行の請求明細や発票記載の購入数量について，実際に当社に納品され合格品として検収された品目・数量が記載されていることを継続的に確認する」

【コスト低減のために】

前項では「購買単価の水増し」によるコスト増加について述べた。本項では「購買数量の水増し」について述べる。

購買数量の水増しには次の2種類がある。

⑴　実際に納品した数量よりも多くの数量に基づき，請求金額を計算して請求書や発票に記載する。

⑵　実際に納品した数量に基づき請求してくるが，納品数量は当社の発注書記載数量よりも多い。

上記⑴は，イカサマとしては理解しやすい。

上記⑵は，当社が必要とする数量よりも多めに納品してきて，「実際に納品したのであるから代金を払ってくれ」という押し売り的な手法である。

いずれにしても，「当社の必要最小限の支出」を阻害するものであるから，防止と発見が必要である。

【よくある問題点】

仕入先が作成した請求明細や発票記載の数量を誰も確認せずに代金の支払を行っている。

請求明細や発票に記載されている「単価」については，購買部門が発注書に記載した単価として認識している。一方，「数量」については一義的には納品を受けた倉庫部門が把握している。これを倉庫部門から購買部門または財務部門に適時かつ正確に伝達していれば，購買部門等で「単価×数量」を仕入先作成の請求明細等と照合できる。

しかしながら，倉庫部門からの伝達が不十分であると，購買部門や財務部門では数量のチェックができない。納品の頻度が多く，納品データのボリューム

115

が多大であると，購買部門等は数量のチェックをあきらめ，仕入先作成の請求書や発票の金額を鵜呑みにして支払申請書の起票と承認を行ってしまう。

　少し悪賢い仕入先であれば，当社が数量のチェックを十分に行っていないことに気づき，意図的に過大な数量に基づき金額を計算し請求してくる。

【理想的な状況】

　購買在庫管理システムを導入し，購買部門は発注データをシステムに入力している。仕入先から原材料等の納品を受けたとき，倉庫部門はシステム端末画面を参照して当社の発注データと納品書を照合する。確かに当社の購買部門が発注した物品であることを確認したうえで，箱を開封し原材料等現物の検収手続に入る。

　当社が発注していない物品，または発注数量よりも多い納品を受けた場合はそのまま仕入先に返送する。

　倉庫部門は自社で納品した数量を在庫管理システムに品目別に入力する。システム内で「発注単価×納品数量＝購買金額」が品目別に自動で計算され，かつ仕入先別の買掛金計上につながる。

　仕入先から請求書や発票が到着すると，まずは購買部門が当社の購買在庫管理システム内の購買データと一致しているかどうかを照合確認する。違算がある場合は購買部門担当者は仕入先に問い合わせる。一致を確認のうえ，支払申請書を起票し上席者の確認サインを得て財務部門に回付する。

　財務部担当者は，仕入先作成の請求書・発票と自社の買掛金データを照合し，再度支払金額の確認を行う。ここでの確認ポイントは次の２つである（前項でも述べたが，重ねて記載する）。

　(1)　仕入先の請求「単価」は，当社で承認されマスタ登録された購買単価と一致しているか

　(2)　仕入先の請求「数量」は，当社に実際に納品された物品の数量と一致しているか

以上を確認のうえ問題なければ，財務部長が支払申請書に確認サインを記載し，総経理に支払申請書を回付し承認サインを得る。

116

第2章 利益拡大を達成するための各問題点と管理手法の説明

【不正リスク対策として】

前項においてはキックバックの原資を仕入先に提供する手段としての，意図的な購買単価の水増しを説明した。

本項では購買数量の水増しであるが，仕入先に不当に利得をさせキックバックの原資とする，という効果は同じである。

「件数頻度が多いため納品数量の正確性を手作業では厳密に検証できない」という不備をついて意図的になされることも同様である。

【適正な財務諸表作成のために】

購買単価と同様，購買数量も財務データの仕入高／買掛金金額に直結するデータである。購買数量が不当に水増しされると，仕入高／買掛金金額が過大に財務諸表に計上されることになる。

J-SOXでは，「発注残モニタリング（「3−10　発注残を把握せずに発注している」参照）」に加え，「購買数量の確認（納品書と原材料等現物を照合した証跡サインを残すこと）」や，「入庫データの確認オペレーション（原材料等の入庫データをシステムに入力する際は，入力者以外の第三者が正しく入力されたことを入力者以外の第三者が確認した証跡を残すこと）」を重要なキーコントロールとして設定されるのは，このように不当に仕入高／買掛金金額が計上されていないことを担保するためである。

3−13　入庫検収作業が不十分

「原材料や商品の入庫検収に際しては，標準的な検収手続書を利用して必要な検収作業を行う」

【コスト低減のために】

製品の品質管理やISOにおいても，原材料等の品質確認を行うことが要請されている。これがおろそかであると，品質の低い原材料を利用して生産された当社製品の品質も低下するリスクが高まり，不良品の増加，または顧客からのクレームにより対策コストが増加するおそれがある。

117

【よくある問題点】

　会社創業当初は日本から技術者が派遣され，仕入先から納品された原材料等の検収作業の指導，品質確認書フォーマットが提供されている。

　しかしながら，生産が安定し技術者が日本に帰国すると，現地任せになり手間のかかる品質確認手続が疎かとなる。だんだんと手抜き検査の度合いがひどくなる。最終的には，「仕入先が出荷時に検査をしているから」という言い訳に基づき，当社での検収手続はほとんど行われていない。

【理想的な状況】

　検収手続書フォーマットが明確となっており，仕入先から納品された全ての原材料に適用される。数千個等の単位で納品される部材については，サンプリング検査手法が定められている。

　検収手続書には，外観，機能試験，標識等の検査項目が記載され，それぞれについて合格／不合格の判定結果が記載される。全て合格である場合に，検査員と確認者のサインが記載される。

【不正対策として】

　仕入先によっては，当初は合格品を納品してくるが，だんだんと品質が粗悪になり当社の検収基準に合格しない品質が通常となることがある。その場合はきっぱりと受取りを拒否すべきであるが，仕入先によっては賄賂を当社の品質検査者に提供することによって返品を回避しようとする者がいる。つまり，仕入先からの納品物の合否を判定する権限が，仕入先からの賄賂を収受する利権の温床となりうる。

　対策として，検収手続は２人１組で実施するという牽制を働かせることが挙げられる。さらに検収記録を書面で残し，のちのち製品不良が発生した場合にその原因を分析し，原材料の品質に原因がある場合は過去の検収手続書を遡って適切な検収手続が行われたかどうか，また検収担当者は誰であったかを検証できる体制としておく必要がある。

【適正な財務諸表作成のために】

　原材料や商品は，通常は対価を支払って取得するものであり，会計上，原材

第2章　利益拡大を達成するための各問題点と管理手法の説明

料等棚卸資産の価値は原則として支払った対価額をもって測定される。ここで受入れ時の検収手続が十分に行われていない場合，支払った対価額に見合わない価値の棚卸資産が貸借対照表に計上されるリスクがある。

このような低価値の棚卸資産は製造に利用できない，または顧客に出荷できないので，倉庫内で滞留しがちである。この場合，滞留棚卸資産にかかる価値の切り捨て，すなわち減損処理が会計上行われることになる。

会計上の減損は発生することが望ましくない処理である。減損後は適正な評価額に置き換わることになるが，それまでは過大に棚卸資産が評価されていたことを認める処理でもある。

そのため，原材料や商品の取得時点において必要な検収手続がなされているかどうか，その証跡が内部統制上のキーコントロールとして設定されるのである。

3−14　不良品を返品しても仕入代金を支払っている

「仕入先から送付された請求明細や発票は，当社の仕入検収記録と照合し水増しや返品の反映洩れがないことを確認する」

【コスト低減のために】

上述した「3−12　購入数量が水増しされている」に関連する。当社は不合格品を仕入先に返品したにもかかわらず，仕入先では出荷データに基づき請求明細や発票を発行しているため，返品事実が請求金額に反映されていない（減額されていない）場合がある。

仕入先作成の請求書や発票記載の金額を鵜呑みにせず，当社の仕入検収記録と照合することにより，過大な請求がなされていないかどうかを確認する必要がある。

【よくある問題点】

仕入先から送付された請求書や発票の金額を吟味せずに支払を行っている。

当社から仕入先に原材料等を返品したにもかかわらず，それを減額せずに請求書や発票を発行したのは一義的には仕入先のミスである。しかしながら，当

119

社の倉庫担当者も何の説明も行わずに一方的に原材料等を仕入先に返品したり，当社の発注ミスが原因で過大に納品されてきたものを返品する等，仕入先にも請求額を減額したくない相応の理由がある場合もある。

【理想的な状況】

仕入先に不合格品や品違い品を返品する場合は，仕入先の営業担当者にその旨，その理由，対応方法（代替品の出荷や購入代金の減額等）について協議する。仕入先が納得すると返品物の発送を行い，顧客に到達した時点で顧客の受取サインを入手する。

後日仕入先から請求書や発票が送付されてきた段階で，当社の入庫検収記録と照合し水増し請求の有無を検証する。問題なければ購買部門が支払申請書を起票し上席者の承認を得て財務部に回付する。財務部は再度当社の入庫検収記録と照合し総経理の承認サインを得てから，支払オペレーションを行う。

「3－12　購入数量が水増しされている」の【理想的な状況】において，購買在庫管理システムを利用した購入対価確認手続を説明しているので，こちらも参照されたい。

3－15　従業員が仕入先からキックバックを得ている

「キックバックへの対策は，①合い見積りを定期的に入手し適正な価格で購入することにより，仕入先にキックバック支払いうる原資を与えない，②仕入先に対して当社の従業員がキックバックを要求した場合は総経理に直接通報してもらうよう依頼する，の2点である」

【コスト低減のために】

最近はその傾向が薄れたが，中国では物品を継続的に販売する場合，相手方の購買担当者にお礼としてキックバックを渡す慣習があることは否めない。

この慣習は不必要にモノの流通価格を高め，一国経済の発展阻害要因となるため，中国刑法においては公務員の贈収賄に加え，民間企業間の贈収賄も刑罰の対象としている（中国刑法第163条2項）。

それにもかかわらず，キックバックを収受する者は少なからずいる。このよ

第2章　利益拡大を達成するための各問題点と管理手法の説明

うな者が自社の購買業務を担当している場合，次の弊害が生じる。

① 購入価格が割高となる

　仕入先は損してまでキックバックの支払や取引の継続を行うことはない。キックバックを支払えるということは，たいていの場合適正価格よりも割高の代価で購入することとなる。

② 社内の雰囲気の悪化

　仕入先から得たキックバックは，当社内の個人または特定の範囲の者のみに配分される。それ以外の従業員がその状況を見聞きしたときに不公平感を感じ，従業員間の嫉妬，陰口などが横行し社内の雰囲気が悪化する。

　ひいては，正義感のあるまじめな従業員が退職することもある。

③ 当社のイメージ悪化

　割合としては，仕入先から当社の購買担当者にキックバックの申し出を行うよりも，当社の従業員から仕入先に対してキックバックの支払を要求していることが多い。後者の場合，仕入先は往々にして嫌な感情を抱くことになる。また，当社が有名ブランド企業であるほど，「あんな有名企業でもキックバックを要求する」という噂が拡散される。

　近年は，大手中国系企業でも経営者が率先して社内のキックバック等の不正撲滅を声高に叫び，内部監査の充実等の対策を推進している。「キックバックは中国の昔からの慣習だから」ということで容認するのではなく，上記の会社に与えるダメージをなくすことが重要であると認識されてきている。

【よくある問題点】

　仕入先の選定，発注価格の妥当性の判断，納品条件の設定等が全て購買担当者個人に委ねられている。内部統制監査で「担当者個人の判断で購買発注を行うとリスクが高い」旨指摘すると，たいてい「口頭やEメールで上席者や総経理と相談している」という言い訳が返ってくるが，それを裏付ける申請書等資料は全く残されていない。

　筆者がクライアントの依頼を受けて行う不正調査では，仕入先まで訪問し購買価格の値下げを交渉することがある。その際に相当程度の確率で（ケースバ

121

イケースであるが），次の反論を仕入先の経営者から受けることがある。

「貴社の購買担当者からキックバックの支払を要求されて困惑している。最初は『お付き合い』と思って支払ったが，その後も不定期に要求されている。累計支払額は〇〇元である。要求されたWeChatの記録もあるし，支払った記録も残っている。

キックバックについては貴社から正式な発票をもらえないので，当社（仕入先）では会計処理ができない。そのため，仕方なく私（仕入先の経営者）が自腹で支払っている。

その状況で値引しろといわれても対応できない。今後キックバックを支払うことなく，その分の値引であれば対応できるし，当社の会計処理もスッキリするので，そのように対処してほしい。」

まったく，「(当社が)迷惑をお掛けして申し訳ございませんでした。」としか言いようがない。

【理想的な状況】

取引開始時点における合い見積りの入手，事後の継続的な請求額（数量×単価）の水増しの有無の検証により，仕入先にキックバックの原資がわたることを防止している。

また，下記の文書を全ての仕入先に送付し，仕入先に内容を理解した旨の社印を押印して当社に返送してもらっている。

(1) 普段安定的に原材料を供給してもらっていることにまず感謝。

(2) 当社は，1人の購買担当者や責任者のみによって仕入先を決定することはない。品質や価格等を検討し総経理を含む複数者の承認を経て決定する。

(3) キックバックいかんによって仕入先や発注を決定することはない。

(4) もし当社の従業員が仕入先にキックバックを要求したら，総経理のEメールアドレスに直接連絡してほしい。その従業員は仕入先選定プロセスから外す。

(5) 上記にもかかわらず当社の従業員にキックバック等賄賂の授受を行い，当社総経理に連絡を行わなかった場合は，それをもって取引契約を破棄す

ることがある。

この通知を全ての仕入先に送付している状況においてキックバックの要求，授受を行うことは，行っている者（不正者）にとって非常にリスクが高い。

3-16 仕入先から請求明細内訳を入手していない

「仕入先から入手する発票や請求書には，合計額に加えその内訳明細を添付するよう要請する。」

【コスト低減のために】

取引の頻度が高い仕入先からは，月ぎめ等一定期間まとめて発票や請求書を入手することが多い。発票に合計額（例：20万人民元等）しか記載していない例をときどき見かけるが，これでは請求額の正確性，妥当性を十分に検証することができない。

仕入先には，取引明細，すなわち「取引1件別の単価×数量＝金額」を発票に添付してもらい，当社でその金額の正確性を検証できるようにする必要がある。これにより，仕入先からの水増し請求や重複請求の有無を検証ことができる。

【よくある問題点】

仕入先から合計額のみが記載された発票しか入手していない。購買担当者は何の疑問も持たずに支払申請書を起案し，上席者もルーチン作業として支払申請書に承認サインを記載している。

支払額が多額の場合は，最終総経理も承認サインを記載することとなっているが，購買担当者とその上席者が承認サインを記載していれば，総経理も特にチェックすることなく支払申請書に承認サインを記載している。

この場合，仕入先からの水増し請求を容認するリスクが高い。また，水増し請求金額は購買担当者や上席者へのキックバックとして還流されている。

【理想的な状況】

仕入先からは取引明細を毎月入手している。

取引明細に記載されている「単価」については，当社が発注または契約した

123

当初の単価と一致していることを確認している。また，「数量」については当社に納品された原材料等仕入品の入庫票数量と照合してその正確性を検証している。

取引頻度が高いと，1件別に「単価」×「数量」を手作業で検証することは業務負荷が高い。そのため，購買在庫管理システムを利用し，まずは「仕入先別の当月買掛金計上額」と仕入先から入手した発票合計額を照合する。一致していれば，仕入先からの請求額は正しいと判断できる。しかしながら通常は入庫タイムラグ等の理由により一致しないことが多い。

一致しない場合は，仕入先から入手した請求明細を検討する。「単価」については当社システムの単価マスタと一致しているか，「数量」については当社の在庫管理システム上の原材料種類別入庫データと一致しているかを検証する。

入庫タイムラグによる多少の際であれば容認し，翌月調整されているかどうかを後日確認する。明らかに水増し請求や重複請求がなされている場合は，購買担当者から仕入先に請求額の修正を要請する。

財務部においても，購買部門から回付されてきた支払申請書の金額，発票，当社のシステム購買データを照合し，問題なければ財務部長の確認サインを記載のうえ支払申請書を総経理に回付する。

3−17　支払申請書の確認・承認が不十分

「支払申請書の確認・承認プロセスは，業務フローを作成し『誰が，いつ，何と照合して』確認・承認するのかを事前に明確にして運用する」

【コスト低減のために】

前項のとおり，仕入先からの水増し請求や重複請求を避けるためには，取引明細ごとに「単価×数量」の実在性の照合を行う必要がある。しかしながら，取引頻度が多い場合は手作業では業務負荷が高く，ITシステムを利用した照合も手続に含めることが効果的である。

この確認・承認プロセスには各部門（購買部門，倉庫部門，財務部門，総経理等）の複数人が参画することになる。それぞれの担当者，職位者がそれぞれ

第2章　利益拡大を達成するための各問題点と管理手法の説明

「いつ，何と照合して」取引額の正確性と妥当性を検証するのかを明確に体系化しておく必要がある。

【よくある問題点】

筆者が過去に中国現地法人で監査を行い，仕入先からの水増し請求を発見したことがある。その取引にかかる支払申請書には購買担当者（起案者），購買課長（確認者），総経理（最終承認者）各位のサインが記載されていた。

各位に「あなたは何と照合して支払申請書にサインをしましたか？」とヒアリングしたところ，次の回答であった。

購買担当者：仕入先が作成した発票の金額は正しいと思っていた。倉庫部門が仕入品の入出庫台帳を起票しているが，いい加減なところがあり信用できない。当社よりも仕入先のほうが取引額を正しく算定できているはずだ。

購買課長：購買担当者が請求額を確認しているものと思っていた。水増し請求を発見できなかったのは，（部下である）購買担当者の責任である。また，私のあとに総経理がチェックし支払申請書に承認サインを記載している。

総経理：仕入先から送られてくる請求資料の中国語がよくわからないので，自分では特にチェックしていなかった。当該仕入先からの毎月の請求額が同じような金額（数万元）の範囲内であれば，購買担当者や購買課長の確認サインが記載されていることを信じて，自分も承認サインを記載していた。（なお，この総経理が承認する支払申請書の枚数は，毎月数百枚であった）

財務部長：私は総経理の承認サインが記載されている支払申請書のとおりに支払オペレーションを行っている。つまり，総経理の指示どおりに支払を行っている。

結局のところ，誰も仕入先からの請求額を厳密にはチェックしていなかったということである。

この状況を仕入先が知れば，「あの会社には多少の水増し請求を行ってもわからない」と認識されてしまう。

125

【理想的な状況】

　購買在庫管理システムが導入されており，かつ支払額のチェック手続について５Ｗ１Ｈが業務フローの形式で明確になっている。業務フローは関連従業員に提示され，そのとおりの運用が図られている。

【支払申請書承認にかかる業務フローの例】

支払申請書承認　　　業務フローNo：XXX		
仕入先	発票送付 → 発票 / 請求明細	
購買担当者	発票受領 → 発注データと照合【購買管理システム】 / 発票内容確認 → 支払申請書作成 支払申請書【購買課長】支払申請書承認 支払申請書 / 発票 / 納品書 / 発注書コピー → 支払申請書等回付	申請書等受領 → 在庫システム入庫データと照合【在庫管理システム】
財務部	発票 / 請求明細 / 発注書コピー　あるいは　購買契約書 / 入庫票 / 購買契約書コピー / 入庫票（収料単）　あるいは	【財務部長，総経理】支払申請書承認 → 支払オペレーションへ
日数	N日	【在庫管理システム】

【適正な財務諸表作成のために】

　支払申請書の確認・承認プロセスは，買掛金の計上額及び支払額の実在性と正確性を確保するための重要なコントロールとして位置付けられている。

第2章　利益拡大を達成するための各問題点と管理手法の説明

3−18　公平な人事評価制度がない

　「ホワイトカラーのみならず，工場現場ワーカーについても適切な人事評価制度を設け，熟練工の確保・維持に努める」

【コスト低減のために】

　「1−7　適切な人事考課制度がない」において，優秀な営業担当者を雇用，維持するために適切な人事評価制度の構築と運用が必要である旨を述べた。

　本項では，工場現場ワーカーについても公平な人事評価制度を構築，運用することによって熟練工の確保と維持が必要であることを説明する。

【よくある問題点】

　製造部門ワーカーに対する人事考課制度が不明確である。営業部門や購買部門等いわゆるホワイトカラー職種については定期的な人事考課を行い昇給額等の決定に役立てているが，製造部門担当者には適用されていないケースが多い。その理由として，製造現場のワーカーが1,000人以上いるような工場において，全てのワーカーの人事評価を定期的に実施することが困難である。また人事考課者（上席者）に人事評価とは何かということの研修を受けて理解してもらわなければ，公正公平な人事考課はできない。

　このような状況において現場従業員は永くまじめに勤続することによって自己実現や昇給が達成されることを信用できるわけもなく，ほかにより高い給与賃金待遇が提示される工場を発見するとすぐにそちらに転職する。結果として労働者の学習効果やノウハウの蓄積が企業内でなされず，いつまで経っても操業開始当初の不効率が存続する。

【理想的な状況】

　「1−7　適切な人事考課制度がない」においても述べたが，中国においても日系企業向けに様々な人事コンサルティング会社が存在し，人事評価制度パッケージの提供，導入支援，考課者研修まで行っている。インターネットで検索すれば複数の候補が挙がるので，比較検討のうえ人事コンサルティング会社を利用することも有効である。

127

3-19 架空残業代がある

「残業代の支給に際しては，出勤データや事前，事後の残業申請書と照合し，上席者が承認した資料に基づき支給額を計算する」

【コスト低減のために】

日本でも中国でも同じである。実際は勤務していないにもかかわらず，または何も実のある仕事を行っていないにもかかわらず残業時間を申請する輩がいる。

確かに会社の収益獲得や内部管理の必要性から残業を行ったのであれば，それに報いるために，また中国の労働契約法に準拠して残業代を支払う必要がある。

残業代の支給に際しては実際に仕事を行ったことを確認するルールの下で計算，支給すべきである。

【よくある問題点】

上席者による残業時間の承認判断が恣意的であり，業務内容や残業者によって不公平がある。

残業申請書は作成され事後的に直属上司の承認を得るルールとしているが，ある部下はこまめに何かと残業時間を申請するが，別の部下はほとんど残業時間の申請を行わない。

従業員の間で不公平感が生じ，がんばる従業員ほど離職し他社に新天地を求める傾向がある。

【理想的な状況】

事前に従業員ごとのジョブ・ディスクリプション（職務記述書）が書面や業務フローで明確になっている。ジョブ・ディスクリプションの作成時において，当該従業員の能力や経験に見合ったものになっているかが検討されており，過度の業務負荷集中がなされないようになっている。

繁忙期等時期的な要因により残業を行う必要が生じた場合は，部下は事前に残業申請書を作成し，残業日，見込み残業時間，残業の内容を記載し上席者に

128

回付する。上席者は内容を検討のうえ承認サインを記載する。

　事後においても残業申請書記載の事前申請内容の残業が実際に行われたことを上席者が確認しサインを記載する。残業申請書は人事部門に回付され，残業代を含めた給与計算が行われる。

　ちなみに，日本では役職者に多い「残業代込み給与制度」は，中国においては労働意欲をかき立てないようである。

3−20　工数管理が行われていない

　「従業員，ワーカーには労務日報を記載していただき，日々の就業時間においてどのような仕事，作業を行ったかを事後的に確認できるようにする」

【コスト低減のために】

　人件費が上昇する中国においては，人材資源をいかに効率よく配置し業務を行わせるかが近年重要なテーマとなりつつある。

　中国では特に，従業員個人の良心や意識に依存し労務管理をおろそかにしていると，とたんに生産性が低下することが多い。

　仕事には顧客からの収益獲得活動，これに貢献する生産活動，製品開発活動，購買活動，社内管理活動等があるが，いずれも利益最大化という命題に沿ったものでなければならない。

【よくある問題点】

　従業員別に年度の目標や実績対比は行っているが，日々の労務管理は行っていない。従業員個人の良心や意識に頼っている。

　また，ワーカーについては部署や工程は定められているものの，労務日報を日々記載させていない。そのため，がんばったワーカーとそうでないワーカーの区別ができず，報酬も同じであると全体的にやる気が低下する。

　総経理等経営層が重視する部署（新製品の開発試作部門等）の人材，人数を充実させる場合でも，どのような業務内容，ミッションが与えられているかは総経理等の一部の者しか知らされていない。また，実際にどのような実績管理を行っているのかも他部門からはわからない。そのため，部門間や個人間で不公

129

平感が募り，他部門の優秀な人材が他社に新天地を求めて離職してしまう。

【理想的な状況】

　従業員には日々労務日報を記載してもらい，誰がいつ何の仕事を行ったかを明確にする。

　もちろん，作業には効率性も重要であるため，「長時間作業を行ったこと」イコール「努力している」とは必ずしも限らない。しかしながら，各従業員の成果と労務日報を照らし合わせれば，従業員の評価の根拠のひとつになりうる。

　また，基礎技術の研究開発等，直接売上収益やコスト低減に結び付かない業務もある。その場合，どのような研究，作業を行っているのか，それは会社の方針，指示に基づくものなのかを後日検証，評価できるようにしておく必要がある。

【製造現場ワーカーの労務日報の例】

<u>労務日報</u>

2019年　6　月（　上　・　下　）どちらかに○をつける

従業員番号		従業員姓名	

【当帳票の目的】
製品種類別に要した労務時間を集計するための個人ごとの作業時間を記入すること。

班長サイン	

【記入マニュアル】

1　時間数で記入し，30分単位で記入する。（例：3時間→3　5時間半→5.5　5時間44分→5.5（切下げ）　5時間45分→6（繰上げ））

2　一つの製品番号について1行に記入する。（同じ製品番号を2行以上に記入しない）

3　各現場作業者が作成し，班長が確認・承認する。

4　班長は，各班の労務日報を取りまとめ，毎月17日及び翌月2日までに人事課に提出する。

製造指図書に基づき記載　　実際の作業時間を記載する

（単位：時間）

No.	製品番号	製品名称	1日 16日	2日 17日	3日 18日	4日 19日	5日 20日	6日 21日	7日 22日	8日 23日	9日 24日	10日 25日	11日 26日	12日 27日	13日 28日	14日 29日	15日 30日	31日	合計
1																		0.0
2																		0.0
3																		0.0
4																		0.0
5																		0.0
	合　計		0.0	0.0	0.0	0.0	0.0	0.0	0.0	0.0	0.0	0.0	0.0	0.0	0.0	0.0	0.0		

第2章　利益拡大を達成するための各問題点と管理手法の説明

　直接工の人数が1,000名等多人数の場合は，上表を全員に洩れなく作成して
もらい，かつ手作業でタイムリーに集計することは業務負荷的に難しい。

　これもITシステムを利用することが提案される。具体的には，各工程に指
紋読取り端末を設置する。作業者は作業前に自身の指紋認証とこれから開始す
る作業項目番号（製品種類コード等）を入力する。作業が終わると再度指紋認証
を行えば，システムがどのワーカーがどの作業を何時間行ったかを把握し集計
することができる。この場合，いちいち労務日報を記載する必要はない。

3－21　固定資産購入時に合い見積りを取っていない

　「固定資産取得時においても，原則として合い見積りを入手し比較検討のう
え取得手続を進める」

【コスト低減のために】

　「3－3　原材料購入に際して合い見積りを取っていない」においては，原
材料等の仕入に際しての合い見積りの必要性を説明した。

　本項目では，同様に固定資産の合い見積り取得の必要性について説明する。

　製造企業において原材料は製品の品質に影響を与えるため，単に価格のみな
らず原材料の品質，仕入先の信用度，安定供給の可否まで検討のうえ採用が決
定されることが多い。また，機械設備等の製品品質に影響を与える固定資産の
取得についても，技術者の管轄のもと検討がなされ，規模が大きい場合は日本
親会社からの指導，承認を必要とする場合がある。

　よく問題になるのは，中国現地法人独自で選定できる固定資産である。例を
挙げれば，パソコン等の事務設備，内装工事，社用車の購買等であり，現地担
当者の恣意が介入するリスクがあるものである。

【よくある問題点】

　パソコン等事務設備について，総務部門等の特定部署で仕入先や購入品が選
定されている。確かに，不良品の交換に即座に対応してもらえる等のアフター
サービスは評価できるものの，明らかに市場価格よりも高い。

　総経理が「なぜ高いのか」と担当者に聞くと，「他の業者は偽物の可能性が

131

あり信用できないので，従来から取引のある信用できる業者から購入している。アフターサービスもよい」という返答が返ってくる。

　総経理は自分で中国のパソコン市場に行って数台のパソコンをまとめて購入するということは不安がありできないので，「多少の値段の高さならよいか」と割り切って購買申請書に承認サインを記載してしまう。

【理想的な状況】

　近年は事務用品であれば少量の購買であっても，アリババや京東のようなインターネット市場で値段比較のうえ購入できる。また，過去の利用者による業者の評価も記載されている。一定期間であれば不良品の返品も受け付けてもらえる。

　オフィスの内装工事のようにインターネット市場で購入できないものについては，複数の内装業者から合い見積りを入手して比較検討する。合い見積りの状況については合い見積り比較表を作成し，比較検討と上席者の承認判断が得られたことを資料として残している。

第2章　利益拡大を達成するための各問題点と管理手法の説明

【合い見積り比較表の例，パソコン購入の場合】

起案者	購買部長	品質管理部長	生産管理部長	財務部長	総経理

		A社	B社	C社
品名		○ ○ ○	△ △ △	◇ ◇ ◇
機能		基本スペック 液晶サイズ15.6インチ 解像度WXGA（1366 x 768) CPU Celeron Dual-Core 3855U（Skylake) 1.6GHz／2コア CPUスコア1681 ワイド画面○ ストレージ容量 HDD：500GB HDD回転数5400 rpm メモリ容量 4GB メモリ規格 DDR 4 PC 4 -17000 メモリスロット（空き）2(1)	基本スペック 液晶サイズ13.3インチ 解像度フルHD（1920 x 1080) CPU Core i 5 5200U（Broadwell) 2.2GHz／2コア CPUスコア3485 ワイド画面○ ストレージ容量 HDD：500GB HDD回転数5400 rpm メモリ容量 4GB メモリ規格 DDR 3L PC 3 -12800 メモリスロット（空き）2(1)	基本スペック 液晶サイズ15.6インチ 解像度フルHD（1920 x 1080) CPU Core i 7 6500U（Skylake) 2.5GHz／2コア CPUスコア4416 ワイド画面○ ストレージ容量 1TBハイブリッドドライブ（HDD＋NAND型フラッシュメモリ) HDD回転数5400 rpm メモリ容量 8GB メモリ規格 DDR 3L PC 3L -12800 メモリスロット（空き）2(1)
金額				
	単価（税抜き）	64,627円	77,800円	106,185円
	単価（税込み）	69,798円	84,024円	114,680円
	数量	10台	10台	10台
	金額（税込み）	697,980円	840,240円	1,146,800円
納期		発注から2週間以内	発注から1週間以内	発注から1週間以内
アフターサービス		故障保証1年間	故障保証2年間	故障保証2年間
その他考慮事項				
選定			○	

3－22　生産予測の精度が低い

「生産設備の購入は，中長期的な販売戦略と計画に基づき決定する」

【コスト低減のために】

　様々な工場を見ていると，せっかく多額の投資を行って立派な生産設備を購入したにもかかわらず一部の設備しか稼働していないケースを見かける。この場合，遊休設備の減価償却費は会計上耐用期間内に原価として計上され続けるため，製品単位当たり生産コストが高くなってしまう。

　設備投資計画策定段階では，なんらかの販売戦略や計画が策定されており，だからこそ多額の投資の決裁がなされたはずである。しかしながら，図らずも当初の設備投資計画のとおりに事が運ばず，計画を大幅に下回る生産数量，設備稼働状況となることは避けなければならない。

【よくある問題点】

　当初の将来見通しが甘すぎる。

　よくある失敗ケースは，日本の高品質の製品を中国人が高く評価しているので，中国市場に投入すれば容易に販売量が上がるはず，というものである。

　中国人は，日本国内で生産されている「メイド・イン・ジャパン」であることを高く評価しているのであって，中国内で生産したものはたとえ日系企業が生産したものであっても「メイド・イン・チャイナ」として評価されてしまう。

　事例では，まったく同じ製品であるにもかかわらず，高価な「メイド・イン・ジャパン」と安価な「メイド・イン・チャイナ」の両方の製品を並べた場合，「メイド・イン・ジャパン」のほうがよく売れるということもあった。

【理想的な状況】

　最終製品をエンドユーザーに届けるまでの「川上から川下までのサプライチェーン」の中で，当社がどのような位置付けを担うのかを明確にしたうえで，販売戦略や計画を立案している。

　日系企業が中国内で生産する「メイド・イン・チャイナ」であっても，生産技術がしっかりしておりそのことが顧客企業に理解されていれば，販売量は確

保できる。

　したがって，単に製品力をアピールするのではなく，工場の生産管理体制，
５Ｓ，高度な内部管理等，工場自体の価値を含めて顧客企業にアピールを行う
ことが有効である。この点「製品が良ければよい」という考え方とする中国企
業よりも，日系企業のほうが有利なはずである。

　10年以上前の加工貿易に代表されるように，中国内で生産した安価な製品を
日本に輸出するというスキームは中国の人件費と物価上昇により年々難しく
なっている。

　顧客ターゲットとすべきは，中国内の企業であってその最終製品の消費地は
中国内である。中国内で販売している限りにおいては，インフレーションが
あっても販売価格と購買価格が理論上同時に値上がりするため中長期的にみて
影響は少ない。

3−23　予算管理制度がない

　「製造経費は管理可能費と管理不能費に分け，予算を設定する。毎月予算と
実績を比較し差異分析を行う」
【コスト低減のために】
　製造経費には，消耗品費や水道光熱費などの変動費と減価償却費やリース代
などの固定費に分解できる。このうち，変動費についてはムダを省くことに
よって低減できる。固定費については短期的には削減することができない。そ
のため，変動費は「管理可能費」といわれ，固定費は「管理不能費」といわれ
ることがある。

〈管理可能費（変動費）の例〉

・補助材料費

・消耗品費

・労働保護費

・水道光熱費

・（突発的な）修繕費

135

・（製造部門担当者の）出張旅費

〈管理不能費（固定費）の例〉

・減価償却費

・設備等リース代

・補助部門従業員賃金

・（定期メンテナンスの）修繕費

　管理可能費と管理不能費を比較すると，通常製造業では減価償却費が大きいため，管理不能費のほうが金額的に高くなる傾向がある。

【よくある問題点】

　製造経費の内訳は財務会計部門のみが知っており，他の部門（生産部門や生産管理部門）は関知していない。

　生産会議においても「製造経費がなぜ高いのか」ということが議題となるが，「製造経費が高すぎる」または「固定費が高すぎる」という結論で終わっている。

　製造経費の多くは固定費，つまり管理不能費であるから，「固定費が高い」という分析は原価低減にとってあまり役に立たない。

【理想的な状況】

　年初に製造経費の予算を内訳ごとに設定し，毎月実績と照合している。大きな差異がある場合はその原因を分析し対策を検討している。

　減価償却費等の固定費が当初予算よりも増加した場合は，新規設備の増加が原因である。これは新規設備購入時にその必要性と採算性を検討しているはずであるから，事後的に分析してもあまり意味はない。コスト削減にはつながらない。固定費への施策は，生産量を多くして製品１単位当たりに配賦される固定費を少なくするということのみである。

　つまり，集中して管理すべきは管理可能費である。

　予算の立て方については，「１−17　資金繰り予測が明確でない」を参照されたい。

④ 採算管理を厳密に行う

4－1 製品種類別採算管理が不十分

「精度の高い原価計算制度を構築し，製品種類別の採算性を適正に評価する。これにより，的確な販売戦略や販売計画の策定が可能になる」
【収益拡大とコスト低減のために】

「1－10 製品種類別の粗利が厳密に算定されていない」において，会社全体の収益拡大のためには製品種類別の採算性の把握，それに基づく販売方針を営業担当者に指示することの重要性を説明した。

また，発生した製品原価の内訳を事後的に検証できる資料，すなわち原価計算表と各費目の内訳明細を作成することにより，どの費用が多く消費されているのかを製品種類別に把握することができる。この資料は今後のコスト低減の検討にも役立つ。

なお，日本の「原価計算基準」（企業会計審議会）には，原価計算の目的として次の5つを挙げている。昭和37年制定と古いものであるが，現状の中国現地法人において不足しがちな原価計算制度の重要性を再認識するうえで参考になるので，抜粋して記載する。

【原価計算の目的】

(1) 企業の出資者，債権者，経営者等のために，過去の一定期間における損益ならびに期末における財政状態を財務諸表に表示するために必要な真実の原価を集計すること

(2) 価格計算に必要な原価資料を提供すること

(3) 経営管理者の各階層に対して，原価管理に必要な原価資料を提供すること

(4) 予算の編成ならびに予算統制のために必要な原価資料を提供すること

(5) 経営の基本計画を設定するにあたり，これに必要な原価情報を提供すること

137

【よくある問題点】

「1−10　製品種類別の粗利が厳密に算定されていない」でも述べたが，原価計算を司る会計担当者に対して，製造原価に関連する各部門（購買部，倉庫管理部，生産管理部，製造部門等）が適正に算定，集計された諸元データをタイムリーに提供していないことが挙げられる。

そのため，製品種類別原価が適正に計算されず，販売価格の見積りや原価低減ポイントの模索に利用できない。

【理想的な状況】

原価計算制度の構築は，経営層が主導して行う必要がある。中国現地法人においては，経営層が会計の知識に乏しいことを理由として原価計算制度の構築を現地会計担当者に一任してしまっているケースが少なくない。そのため上記のよくある問題点の状況が生じるのである。

理想的な状況に話を戻す。原価計算制度の構築にあたって最初に行うべきことは，原価計算の目的として何を主軸とするのかを明確にすることである。一口に原価計算といっても，単純総合原価計算，工程別原価計算，直接原価計算，標準原価計算等，また製品種類別の採算性把握のみならず，原価差額の分析を通じて責任会計と連動させる等，様々な種類とそれに応じた目的がある。原価計算の結果は，製品原価の算出，製品種類別粗利益率の算定，会社全体の収益拡大とコスト低減につながり，これらは経営判断に際して重要な指標となるのであるから，まずは経営層が原価計算の主たる目的を明確にすることから始める。

第2章　利益拡大を達成するための各問題点と管理手法の説明

【原価計算の目的と原価計算形態の関連】

より高度な原価計算レベル →

目的	① 会計基準に沿った期間損益計算	② 製品種別採算性評価	③ 部門業績評価
内容	・月次及び年度における適切な損益計算，課税所得計算に資することを原価計算の目的とする。	・製品種類ごとの売上，売上原価，粗利益を算定することによって，製品種類ごとの採算性を明らかにすることを原価計算の目的とする。	・原価または利益の目標を設定し，目標と実績の乖離度合い及び乖離の原因を明確にすることを原価計算の目的とする。 ・目標と実績の乖離度合によって，各部門責任者の業績評価の根拠とする。
求められる要件	・各原価要素データの適切な把握，計上。	・原価計算単位（製品種類別）の設定。 ・直接費と間接費の分化。 ・原価計算単位ごとの直接費の把握方法の設定。 ・原材料費を各製品種類に直課するための倉庫・製造現場の協力（出庫票の作成） ・実態に即した間接費配賦基準の設定。	・責任体系と組織体系の整合化。 ・コストセンター，プロフィットセンターごとの原価計算ロジック確立。 ・予算から演繹される標準原価設定。 ・原価差額の分析体制の構築。 ・業績評価指標の確立。 ・人事評価体系との整合化。 ・業績評価制度に関する従業員の合意。
期待される効果	・財務会計上の期間損益計算の適正化。 ・課税所得の適正計算。	・製品種類ごとの採算性把握。 ・取引先との仕入価格交渉，販売価格交渉に際しての基礎データ提供。 ・製品種類ごとの生産計画，販売計画策定に際しての基礎データ提供。	・目標原価遵守，目標利益達成に関する従業員の意識向上。 ・生産活動の効率性の可視化。 ・経営戦略策定に際しての基礎データ提供。 ・従業員の合意に基づく人事評価体系の確立。 ・標準と実際原価の対比により原価標準の精度向上
業務負荷	低	中	高
適合する原価計算	（厳密な原価計算制度の構築は特に不要）	**製品別原価計算** **個別原価計算**	**工程別標準原価計算** **直接原価計算**

　以下，原価計算の主たる目的を本項に関連する「製品種類別採算性評価」であると設定して説明する。

139

まず，「製品種類別原価計算」に関連する諸部門に協力を行うよう経営層から指示する。ここでポイントは，会計部門のみに指示しても適正な原価計算制度構築は困難ということである。

〈原材料費〉

　多くの製造業の場合，原材料費は製品種類別に直課される。近年中国人ワーカーの人件費が上昇したとはいえ，原材料費が製造原価に占める割合はまだ大きい。

　原材料費を製品種類別に直課するためには，「どの原材料を何の製品の生産のために払い出したか」という記録を，実際に原材料現物を取り扱う部門である倉庫部門と製造部門に記録してもらう必要がある。

　具体的には，「原材料出庫票」や「払出票（中文：領料単）」という資料に原材料品目，数量，払出日，対象製品品目，倉庫担当者の払出確認サイン，製造担当者の受取サイン等を記載してもらうことになる。これは，全ての直接原材料の出庫に際して実施してもらわなければならない。直接原材料の出庫頻度は通常多いので，手作業であると業務負荷が高くなる。対策として，バーコードシステムを利用した出庫データ自動記録などのITシステムを導入することが有効である。

　次に，原材料払出単価を適正に算定する必要がある。中国ではほとんどの企業が加重平均法（中文：加权平均法）で払出単価を計算しているというが，実際は月別総平均法であることが多い（月別総平均法は加重平均法の一種であるため，間違いというわけではない）。

　月別総平均法の場合でも，払出単価を算出するためには購入単価を把握する必要があるが，この購入単価は倉庫部門担当者には知らされていないことが多い。背景として，倉庫担当者が購入単価を知ると単価の高い原材料から横領されるリスクがあると認識されているからである。購買単価は原材料を発注した購買部門が知っているわけであるが，これを財務会計担当者に適時に伝達する必要がある。

① 倉庫部門から入手した出庫票から判明する製品種類別原材料消費数量に，

140

第2章　利益拡大を達成するための各問題点と管理手法の説明

②　購買部門から入手した購入単価に基づく払出単価を乗じることによって，会計担当者は製品種類別原材料費を算定することができるのである。①②のいずれかのデータが会計担当者に伝達されていない，または伝達されていても誤っていたり不十分であったりすると，会計担当者は適正な製品種類別原材料費を算出することはできない。

　生産規模が大きくなると，原材料の発注頻度，受払い頻度も多くなる。原材料種類が数百，数千種類ある場合に手作業での原材料払出し金額の集計を行うことには限界がある。ここでも，ITシステムを導入して購買部門，倉庫部門から諸元データを入力してもらい，品目別に「払出数量×払出単価」の計算・集計を自動的に行うことが有効である。

141

【原材料品目別入出庫台帳の例】

原材料品目別入出庫台帳

作成者	確認者

品番	10001
品名	aaa

【当帳票の目的】
原材料の品目別に，入庫量，出庫量，残数量ならびに使途を明確にすること。

【記入マニュアル】
1 　　　の箇所に入力する。
2 原材料種類（品番）ごとにシートを分けて記録すること。
3 月末に棚卸差異が生じた場合は，入出庫伝票を起票し，利用製品種類欄に「棚卸差損」または「棚卸差益」と記載すること。
4 倉庫担当者が取りまとめ，翌月初2日までに財務課長に提出すること。

入庫伝票または
出庫伝票から転記

単位：個

No.	2019年		入出庫伝票番号		入庫数量	出庫数量	残数量	利用製品A	利用製品B	利用製品C	棚卸差損益（−は益）
	月	日	入／出	伝票番号							
				計算式	A	B	C＝前行 C＋A−B		Bの内訳		
1	6	1		前月末残			5,000				
2	6	2	入	00601	15,000		20,000				
3	6	3	出	00602		2,000	18,000	1,500	500		
⋮							（中略）				
11	6	29	出	00612		1,000	17,000		300	700	
12	6	30	出	00660		200	16,800				200
13											
14											
15	月次入出庫合計と月末残高				15,000	3,200	16,800	1,500	800	700	200
16					原材料払出単価計算表に転記			原材料費集計表に転記		製造経費集計表に転記	
17											

　上図は原材料品目別入出庫台帳の例であるが，例えば原材料が1,000種類ある場合は当台帳が1,000枚作成されるということになる。入出庫頻度が多い場合はさらに枚数（データ量）が増える。

第2章　利益拡大を達成するための各問題点と管理手法の説明

【製品種類別原材料費集計表の例】

製品種類別原材料費集計表

2019年6月

製品番号	001
製品名称	製品種類A

作成者	確認者

【当帳票の目的】
製品種類別に，当月の原材料費を集計すること。

【記入マニュアル】
1　　　　の箇所に入力する。
2　製品種類（品番）ごとにシートを分けて記録すること。
3　会計担当者が取りまとめ，翌月初4日までに財務課長に提出すること。

原材料払出単価
計算表から転記

原材料入出庫台帳
から転記

No.	品番	原材料名称	当月単価（人民元）	当月使用量	単位	当月金額（人民元）
		計算式	A	B		C＝A＊B
1	100001	aaa	3.24	1,500.00	個	4,860.00
2	100003	ccc	5.12	4,300.00	kg	22,016.00
3	100005	eee	12.50	5,200.00	個	65,000.00
4	100007	fff	4.30	12,800.00	個	55,040.00
5						0.00
6				合　計		146,916.00

　上図は製品種類別原材料費集計表の例であるが，例えば製品種類が500種類ある場合は当表が500枚作成されるということになる。入出庫頻度が多い場合はさらに枚数（データ量）が増える。

　筆者は多数の中国現地法人を訪問しさまざまな業態の原価計算表を閲覧してきた。上図または上々図の「原材料品目別入出庫台帳」や「製品種類別原材料費集計表」を担当者が1人でExcelを利用して記帳，集計している企業においては，どうしても業務負荷的にデータを入力しきれなくなる。代替として安易な記帳方法（棚卸法により原材料費を一括計算する，製品種類別売上高を配賦基準として原材料費を各製品種類に配賦する等）を採用せざるをえなくなる。これは原価計算担当者1人を責めてもしかたがない。

143

原材料費の製品種類別直課を実現するためには，倉庫部門と製造部門による原材料入出庫票の起票と財務部門への適時の伝達，購買部門からの原材料購入単価の財務部門への適時の伝達という，各部門の努力と協力が必要になる。

〈直接労務費〉

　労務費の特徴は，先に各従業員との労働契約書記載の賃金額（残業代等を含む）が決まり，次に各製品種類別への配賦単価が決まるということである。この点，先述の原材料費のように先に払出単価が決まって数量に基づき各製品種類に配分（直課）されることとは異なる。

　まず，1ヵ月の全ての直接作業工の給与を集計する。給与は毎月計算し支給しなければならないものである。人事部門において基本給，残業代，各種手当を従業員別に計算しているので，これを原価計算上の労務費集計に利用する。

【労務賃金集計表】

<u>労務費賃金集計表</u>
2019年6月

作成日：

作成者	確認者

【当帳票の目的】
カテゴリーごとに労務費を集計すること。

【記入マニュアル】
1　　　　の箇所に入力する。
2　人事課担当者が作成し，総務部長確認の上，翌月第3営業日までに財務課長に提出する。

給与台帳
から転記

（単位：人民元）

集計単位	給与合計 （残業代・手当含む）	社会保険料 合計	その他合計	労務費合計
計算式	A	B	C	D＝A＋B＋C
カテゴリーA 組立課現場				0.00
カテゴリーB 組立課班長				0.00
カテゴリーC 検査課現場				0.00
カテゴリーD 検査課班長				0.00
合　計	0.00	0.00	0.00	0.00

製品種類別労務費
集計表に転記

第2章　利益拡大を達成するための各問題点と管理手法の説明

　上図においては，作業工程別，職位別に集計カテゴリーを分けている。これ
は，後ほどカテゴリー別の労務費を製品種類別に配賦することを意図している。

　過度に細かくカテゴリー分けすると集計が手間であるが，ある程度のカテゴ
リー分類により製品種類別の労務費の正確性が向上する。

　次に，ワーカー別の作業時間を製品種類別に集計する。そのために必要とな
るのが，各ワーカーに記載してもらう労務日報である。毎日，どの製品種類に
何時間作業を行ったかを記載してもらう。

　中国の工場においては，いわゆる多能工は少なく，1人のワーカーは特定の
工程，作業内容にひも付いていることが多い。

　労務日報のフォーマット例については，「3-20　工数管理が行われていな
い」を参照されたい。

　直接工のカテゴリー別月次給与額と，製品種類別の直接作業時間が判明する
と，いよいよ製品種類ごとへの労務費配賦である。ここでは，直接作業時間を
配賦基準として利用している。

145

【製品種類別労務費集計表の例】

製品種類別労務費集計表

2019年6月　　　　　　　　作成日：

作成者	確認者

【当帳票の目的】
労務費賃金集計表と労務日報に基づいて，製品種類別に労務費を分類・集計する。

【記入マニュアル】
1　　　の箇所に入力する。
2　人事課担当者が作成し，翌月第5営業日までに財務課長に提出する。

集計単位	製品種類A 作業時間		製品種類B 作業時間		製品種類C 作業時間		製品種類D 作業時間		作業時間 合計
	上	下	上	下	上	下	上	下	
カテゴリーA 組立課現場									
姓名1	10.0	12.0	11.0	13.0					46.0
姓名2					25.0	20.0			45.0
姓名3							25.0	20.0	45.0
姓名4									0.0
姓名5									0.0
姓名6									0.0
姓名7									0.0
姓名8									0.0
姓名9									0.0
姓名10									0.0
作業時間合計	22.0		24.0		45.0		45.0		136.0
当月労務費合計	25,000.00								
労務費単価（元／時間合計）	183.82								
製品種類別労務費	4,044.12		4,411.76		8,272.06		8,272.06		25,000.00

労務日報より転記

労務費賃金集計表より転記

原価計算表に転記

〈製造経費〉

　製造経費の内訳としては，減価償却費，水道光熱費，低額消耗品費，間接工賃金，リース費用等がある。これらは，まずは財務会計部門において計算され，発生ごとに会計伝票を起票し集計される。

　財務会計部門において集計された各製造経費は，一定の配賦基準を利用して

第2章　利益拡大を達成するための各問題点と管理手法の説明

各製品種類に配賦される。ここで「一定の配賦基準」をどのように設定するかが論点となる。製造経費をより厳密に配賦するためには，できるだけ多くの配賦基準を設定する必要がある。しかしながら，配賦基準を多く設定すればするほど，それぞれの数値を計測するという業務負荷も高くなるため実現可能性が低くなる。原価計算制度導入当初はできるだけ絞り込んだ配賦基準の数とし，後日コスト分析技術が高度になるにつれて配賦基準を増やすという対応が現実的である。

【配賦基準の例】
製造経費配賦基準計算表

更新日：

作成者	確認者

【当帳票の目的】
製造経費を各製品種類に配賦するために必要となる配賦基準を計算すること。

【記入マニュアル】
1　　　　の箇所に入力する。
2　配賦基準については，原価計算会議の結果等を踏まえて適宜見直す。見直しにあたっては，各生産部門責任者，財務課長，経営層の協議を必要とする。
3　会計担当者が取りまとめ，当月末までに財務課長に提出すること。

	配賦基準の種類	基数合計	単位	製品A	製品B	製品C	製品D	Source Data
1	固定従業員数	140.00	人	30	40	20	50	社員台帳
2	直接作業時間	2,050.00	時間	700.00	300.00	250.00	800.00	製品種類別労務費集計表
3	機械稼働時間	1,400.00	時間	500.00	300.00	200.00	400.00	工程別生産日報

配賦基準が集計できれば，次に費目ごとに製品種類に配賦していく。

147

【製造経費配賦計算表の例】

製造経費配賦計算表

更新日：

作成者	確認者

【当帳票の目的】
各製品種類ごとに，製造経費の勘定科目別発生額を把握すること。

【記入マニュアル】
1　　　　の箇所に入力する。
2　会計担当者が取りまとめ，当月末までに財務課長に提出すること。

変動費の配賦

（単位：人民元）

費用項目	Source Data	2019年6月発生額合計	配賦基準	製品A	製品B	製品C	製品D
電力費		100,000.00	3	35,714.29	21,428.57	14,285.71	28,571.43
外注加工費	外注加工費台帳	127,000.00	直課	30,000.00	45,000.00	52,000.00	0.00
その他経費							
低額消耗品費	残高試算表	1,200.00	2	409.76	175.61	146.34	468.29
運輸費	残高試算表	52,000.00	2	17,756.10	7,609.76	6,341.46	20,292.68
労働保護費	残高試算表	4,800.00	2	1,639.02	702.44	585.37	1,873.17
補助材料費	残高試算表	3,000.00	2	1,024.39	439.02	365.85	1,170.73
合　計		288,000.00		86,543.55	75,355.40	73,724.74	52,376.31

固定費の配賦

（単位：人民元）

費用項目	Source Data	2019年6月発生額合計	配賦基準	製品A	製品B	製品C	製品D
減価償却費							
専用設備減価償却費	固定資産台帳	1,030,000.00	直課	230,000.00	180,000.00	500,000.00	120,000.00
共用設備減価償却費	固定資産台帳	300,000.00	1	64,285.71	85,714.29	42,857.14	107,142.86
水道代	残高試算表	10,000.00	1	2,142.86	2,857.14	1,428.57	3,571.43
ガス代	残高試算表	1,000.00	1	214.29	285.71	142.86	357.14
修理費	残高試算表	12,000.00	3	4,285.71	2,571.43	1,714.29	3,428.57
試験研究費	残高試算表						
環境保護費	残高試算表	1,200.00	3	428.57	257.14	171.43	342.86
その他(棚卸差損益)	残高試算表	648.00	1	138.86	185.14	92.57	231.43
合　計		1,354,848.00		301,496.00	271,870.86	546,406.86	235,074.29

第2章　利益拡大を達成するための各問題点と管理手法の説明

　上表においては，製造経費を変動費（管理可能費）と固定費（管理不能費）に
区分して配賦計算を行っている。これにより，コスト低減の重点個所の判断が
容易になる。

〈原価計算表〉

　原材料費，労務費，製造経費の3つの原価要素が製品種類別に直課または配
賦できれば，これを原価計算表に転記することにより製品種類別原価を求める
ことができる。

【製品種類別　原価計算表の例】

製品種類別　原価計算表
2019年6月

作成者	確認者	副総経理	総経理

【当帳票の目的】
各原価要素額を，製品種類ごとに完成品と仕掛品に按分する。

【記入マニュアル】
1　□の箇所に入力する。
2　財務課担当者が作成・入力し，財務課長が確認する。
3　加工費計算にあたって，不良品の進捗率は100%，仕掛品の進捗率は50%とする。
4　毎月8日までに財務課長は副総経理及び総経理に提出する。

【完成品原価の計算式】

〈原材料費〉

$$\frac{月初仕掛品原価＋当月投入原材料費}{当月完成品数量＋当月不良品数量＋当月末仕掛品数量} \times 当月完成品数量$$

〈労務費及び製造経費〉

$$\frac{月初仕掛品原価＋当月投入原材料費}{当月完成品数量＋当月不良品数量＋(当月末仕掛品数量 \times 50\%)} \times 当月完成品数量$$

前月の原価計算表から転記
原材料費集計表から転記
労務費集計表から転記
製造経費集計表から転記
生産日報から転記
生産日報から転記
生産棚卸表から転記

(単位：人民元)

	製品種類	製品A	製品B	製品C	製品D								
INPUT	1　月初仕掛品原価	103,812.00	0.00	0.00	0.00	0.00	0.00	0.00	0.00	0.00	0.00	0.00	0.00
	1－1　原材料費	26,876.00											
	1－2　労務費	12,765.00											
	1－3　製造経費	64,171.00	0.00	0.00	0.00	0.00	0.00	0.00	0.00	0.00	0.00	0.00	0.00
	1－3－1　変動費	13,543.00											
	1－3－2　固定費	50,628.00											
	2　当月投入原価	609,955.00	0.00	0.00	0.00	0.00	0.00	0.00	0.00	0.00	0.00	0.00	0.00
	2－1　原材料費	146,916.00											
	2－2　労務費	75,000.00											
	2－3　製造経費	388,039.00	0.00	0.00	0.00	0.00	0.00	0.00	0.00	0.00	0.00	0.00	0.00
	2－3－1　変動費	86,543.00											
	2－3－2　固定費	301,496.00											
	INPUT合計	713,767.00	0.00	0.00	0.00	0.00	0.00	0.00	0.00	0.00	0.00	0.00	0.00
OUTPUT	3　当月完成品原価	644,974.38											
	3－1　原材料費	150,066.42											
	3－2　労務費	80,440.02											
	3－3　製造経費	414,467.95											
	3－3－1　変動費	91,732.69											
	3－3－2　固定費	322,735.26											
	3－4　当月完成品数量	35,800.00											
	4　当月不良品原価	15,493.80											
	4－1　原材料費	3,604.95											
	4－2　労務費	1,932.36											
	4－3　製造経費	9,956.49											
	4－3－1　変動費	2,203.63											
	4－3－2　固定費	7,752.86											
	4－4　当月不良品数量	860.00											
	5　月末仕掛品原価	53,298.82											
	5－1　原材料費	20,120.64											
	5－2　労務費	5,392.63											
	5－3　製造経費	27,785.56											
	5－3－1　変動費	6,149.68											
	5－3－2　固定費	21,635.88											
	5－4　当月末仕掛品数量	4,800.00											
	5－4－1　完成品換算数量（×50%）	2,400.00	0.00	0.00	0.00	0.00	0.00	0.00	0.00	0.00	0.00	0.00	0.00
	OUTPUT合計	713,767.00	0.00	0.00	0.00	0.00	0.00	0.00	0.00	0.00	0.00	0.00	0.00

150

第2章　利益拡大を達成するための各問題点と管理手法の説明

　上表は総額としての完成品原価，不良品原価及び仕掛品原価を求めている。分析のためには，それぞれの単位原価を算出し毎月推移表の形式で比較することが有効である。

　単位原価の増減とその理由を調査し，その項目の費用がなぜ増加したのか，抑えるための対策は何か，を関係者間で協議する。

【製品単位原価実績表の例】

製品単位原価実績表
2019年6月

作成者	確認者	副総経理	総経理

【当帳票の目的】
完成品及び不良品，仕掛品の単位当たり原価の実績を表示する。

【記入マニュアル】
1　財務課担当者が作成・入力し，財務課長が確認する。
2　加工費計算にあたって，不良品の進捗率は100%，仕掛品の進捗率は50%とする。
3　毎月8日までに財務課長は副総経理及び総経理に提出する。

(単位：人民元)

	製品種類	製品A	製品B	製品C	製品D								
	3　当月完成品原価	18.02											
	3-1　原材料費	4.19											
	3-2　労務費	2.25											
	3-3　製造経費	11.58											
	3-3-1　変動費	2.56											
	3-3-2　固定費	9.01											
	3-4　当月完成品数量	35,800.00	0.00	0.00	0.00	0.00	0.00	0.00	0.00	0.00	0.00	0.00	0.00
	4　当月不良品原価	18.02											
	4-1　原材料費	4.19											
O	4-2　労務費	2.25											
U	4-3　製造経費	11.58											
T	4-3-1　変動費	2.56											
P	4-3-2　固定費	9.01											
U	4-4　当月不良品数量	860.00	0.00	0.00	0.00	0.00	0.00	0.00	0.00	0.00	0.00	0.00	0.00
T	5　月末仕掛品原価	11.10											
	5-1　原材料費	4.19											
	5-2　労務費	1.12											
	5-3　製造経費	5.79											
	5-3-1　変動費	1.28											
	5-3-2　固定費	4.51											
	5-4　当月末仕掛品数量	4,800.00	0.00	0.00	0.00	0.00	0.00	0.00	0.00	0.00	0.00	0.00	0.00
	5-4-1　完成品換算数量	2,400.00	0.00	0.00	0.00	0.00	0.00	0.00	0.00	0.00	0.00	0.00	0.00
	OUTPUT合計	47.14	0.00	0.00	0.00	0.00	0.00	0.00	0.00	0.00	0.00	0.00	0.00

【製品別単位原価推移表の例】

製品別単位原価推移表

製品品番	
製品名称	

作成者	確認者	副総経理	総経理

【当帳票の目的】

製品種類ごとに，完成品の単位原価を月次推移形式で表示する。

【記入マニュアル】

1　　　の個所に入力する。
2　財務課担当者が作成・入力し，財務課長が確認する。
3　毎月8日までに財務課長は副総経理及び総経理に提出する。

単価原価実績表
から転記

2010年	1月	2月	3月	4月	5月	6月	7月	8月	9月	10月	11月	12月
3　当月完成品原価												
3-1　原材料費												
3-2　労務費												
3-3　製造経費												
3-3-1　変動費												
3-3-2　固定費												
3-4　当月完成品数量												
4　当月不良品原価												
4-1　原材料費												
4-2　労務費												
4-3　製造経費												
4-3-1　変動費												
4-3-2　固定費												
4-4　当月不良品数量												
5　月末仕掛品原価												
5-1　原材料費												
5-2　労務費												
5-3　製造経費												
5-3-1　変動費												
5-3-2　固定費												
5-4　当月末仕掛品数量												
5-4-1　完成品換算数量												
OUTPUT合計												

【不正対策として】

　現場における原材料の払出しは毎日頻度が多く，また原材料種類や製品種類が膨大であるが，会社の財産である原材料がいつ何のために消費されたのかを都度記録していれば，原材料の横流しや横領といった不正が難しくなる。

　また，労務費に関して言えば，意図的なサボタージュ，不要な人員を縁故雇用など，不必要に労務費を増加させるような不正がある。これも「製品種類別労務費集計表」を作成し，製品種類とワーカーの作業時間をひも付きにしてお

第2章　利益拡大を達成するための各問題点と管理手法の説明

けば不当な人員配置がわかりやすくなる。

　複雑な原価計算でなくても，一定の計算規則に沿った原価計算を行うだけでこのような不正の糸口を発見することができる。その前提としては，製品原価や単位原価がどのように計算されたのか，計算のプロセスを分析者と経営層が理解している必要がある。

4－2　見積原価と実際原価が大きく異なる

　「当初の見積原価と実際原価を継続的に比較・分析し，見積原価の見直し，または今後の実際原価低減のための施策を検討する」

【コスト低減のために】

　どのような製造業においてもビジネスで製品を製造販売している限り，投資前において生産原価の見積りと，想定販売価格のとの対比による採算性の検討を行っているはずである。

　もちろん，当初において「儲かる」という採算性検討結果があったからこそ，多額の生産設備の投資とワーカーの雇用，原材料仕入れを行うのである。しかしながら，図らずも当初の検討結果が外れ赤字が継続することがある。この場合には，赤字の原因，すなわち「販売価格の低迷」及び「生産コスト高」に分解する。後者の「生産コスト高」については，当初の見積原価と実際原価を項目別に比較検討することが有効である。

【よくある問題点】

　実際単位原価が当初の見積単位原価よりも著しく高くなっているが，その原因がわからない。

　見積原価については，日本親会社の原価企画部門の日本人技術者が設計図やBOM表，日本親会社における工数実績等に基づき厳密に設定している。しかしながら，一方の中国現地法人における実際原価計算は現地の会計担当者に任せられており，その計算過程であるExcel資料を見ても中国語で会計担当者本人しかわからない。

　総経理は会計担当者になぜこのような原価計算結果になるのか？　と質問す

153

るが，会計担当者としてはなぜそのようなことを聞かれるのか，何が問題なのかがわからないのでどのように答えてよいかもわからない。「当初の見積原価と大きく違う」ということを伝えると，会計担当者は「見積原価はどのように計算されたのか？」と反問する。

　つまり，見積原価の計算方法と実際原価の計算方法は別の者が担当しており連携していないので，費用項目が異なり比較分析することは難しい。

【理想的な状況】

　当初の見積原価と実際原価を毎月対比し，原材料費，労務費，製造経費の内訳別に分析している。

　当初の見積原価は設計図面，BOM表，作業手順書，VE（Value Engineering）やVA（Value Analysis）によって複雑に計算されるものであるが，その結論としての総見積原価は，原材料費，労務費，製造経費の項目に分けて中国現地法人の原価計算担当者に教示しておく。

　中国では基本的にインフレーションであり，人件費も上昇傾向であるから，必ずしも当初の見積原価が正しいとは言えない。状況に応じて見積原価を改訂し，販売価格の見直しと顧客への説明を営業部門を通じて行う。

　原材料数量が当初の見通しよりも多く実際に消費されている場合は，工程の見直し，不良品数量の低減施策を講じてコスト低減を図っている。

　労務工数が当初の見通しよりも多く実際に消費されている場合は，ワーカーの習熟と学習効果により工数が低減するかどうかを検討している。

　よくあるご質問として，「減価償却費等の固定費はどのように管理すればよいのか」という論点がある。これについては，固定費は操業度にかかわらず変動しない費用というのがそもそもの定義であるから，短期的には低減することはできない。機械設備の耐用年数が経過する時点で，追加の投資を行うかどうかを意思決定することにより将来の減価償却費をコントロールすることができる。

第2章　利益拡大を達成するための各問題点と管理手法の説明

4－3　計算結果が現場に開示されていない

「原価計算結果は定期的に現場の管理職と共有し，コスト低減策をともに検討する。決定されたコスト低減策は関連部門で共有する」

【コスト低減のために】

　原価計算の分析によって判明した項目別のコスト高，それに対するコスト削減施策は，実際に製造を担当している現場の従業員に周知し施策を実行してもらわなければならない。そのためには，原価計算表を少なくとも各製造工程のリーダーに開示し，なぜこの項目のコスト低減が必要なのか，なぜコスト低減が可能なのかを認識共有してもらう必要がある。そのうえで，後日実際にコスト低減できたかどうかのフィードバックを行い，継続的なコスト低減につなげていく。

　上記は当たり前のことであるが，この徹底が不十分な日系企業が少なからず見られる。

　その背景として，「製品製造コストは中国人従業員には知られたくない」「単位当たり製造コストを知られると，当社がどれだけの粗利を稼いでいるかが中国人従業員に知られ，賃上げを要求されることにつながる」という日本人の考え方がある。確かに自社の製品が稼得する利益額が広まると，中には「もっと私たちワーカーへの賃金として配分してくれてもよいのではないか」という意見が出てくる可能性はある。

　しかしながら，高付加価値製品を生産できる能力は，一つはその企業の製品開発力，また長年培われた生産技術によるものであり，それらにより稼得された利益が全てワーカーに帰属するものではない。

　利益が生じている企業は，ワーカーを長期間雇用し熟練工を増やすために付近よりも高い相場の賃金で雇用していることが通常である。確かに粗利益のうち一部を従業員，ワーカーの賃金増加に回すことはあっても，全てを回す必要はない。さらなる新製品，新技術の開発と設備投資に資金を割り振らなければならない。賃金増を要求する従業員，ワーカーにはこのように説明してほしい。

155

【よくある問題点】

　原価計算データを現場の従業員に開示していないため，従業員，ワーカーにコスト低減意識がない。単に，図面と生産指示どおりに作業すればよいと思っている。

　少しの工夫や手間によって原材料消費量を削減できることに気づいていても，あえてそのような工夫は行わない。目の前の原材料をどれだけ消費しようが，節減しようが，自身の給与賃金は何ら変わらない，どうせ会社の資産である，という認識を多くの従業員，ワーカーが有している。

　総経理や日本人技術者がこのことに気づき，具体的な原材料の節減方法や作業手順の見直しを口頭で指示する。しかしながら，その時点では「はい，わかりました」というが，ある程度時間が経ってみると，元の作業手順に戻っている。

　つまり，現場の従業員，ワーカーにコスト低減の必要性や目的意識を植え付けていないため，いつまで経っても現場のやりやすいようにしか生産が行われず，コスト低減も達成されない。

【理想的な状況】

　月1回，原価低減会議が開催され，総経理，工場長，生産部門，生産管理部門，倉庫部門，購買部門，営業部門，財務会計部門等の諸部門のリーダー（課長レベルまで）が参加している。

　まずは前月度の原価計算表が開示，共有され，実際原価についての各部門の意見（この原材料はそんなに使っていないはず！　等）を収集する。ここでのポイントは，各部門においてどれだけコストを消費しているかを各部門リーダーに認識していただくことである。

　次に，見積原価との対比による説明を財務会計部門から行う。見積原価を上回る実際原価項目について，関連部署のリーダーからその理由，原因を聴取する。「理由がわからない」ということであれば，後日の調査と結果報告を総経理から指示する。

　コスト高の原因分析と対策が決まれば，その内容を各関連部門で共有する。

第2章　利益拡大を達成するための各問題点と管理手法の説明

次月の原価低減会議において，実際に施策が有効に機能しコスト低減が達成されたかどうかを確かめる。

このようにしてPDCA（Plan Do Check Action）サイクルを回していく。

【不正対策として】

仕入先からの水増し請求の容認とキックバックの受領，横領した原材料を通常の生産消費と偽装する，架空従業員の雇用による人件費増などの不正は，会社の原価増加要因となる。

原価計算表上に増加した原価を表示し，なぜコストが増加したのかを一同のもとで検討することにより，不正発見の糸口となる。このことは，不正者にとっては自身の不正があらわになるリスクを感じさせることになり，ひいては不正の牽制になる。

4－4　実際原価計算が不正確

「実際原価計算に必要な各原価要素（原材料費，労務費，製造経費）の集計プロセスは業務フローの形式で明確にし，各関連部門に周知する。原価計算結果が不正確である場合は，どのプロセスに問題があるのかを事後的に検証できるようにする」

【コスト低減のために】

せっかく会計部門で原価計算表を作成し，製品種類原価とその内訳を月1度の原価低減会議において各部門リーダーに開示しても，「この原価計算結果はおかしい！」という意見が各部門から頻出するようであれば，コスト低減施策の協議には至らない。

上記「4－1　製品種類別採算管理が不十分」において述べたが，適正な原価計算達成のためには，財務会計部門以外の複数の部門の協力が必要である。各現場部門が原価計算のための諸元データの集計作業をどのように行う必要があるのかを，業務フローの形式で取りまとめ，各関連者に周知しておくことが有効である。

157

【よくある問題点】

　各現場部門は自身が行うべき諸元データの集計を疎かにしているにもかかわらず，財務会計部門が作成した原価計算表への異議のみを主張している。これでは，何のために原価計算を行っているのかわからない。

　このようなケースでは，往々にして原材料費の入出庫数量の集計，払出単価計算，製品種類別原材料消費量の記録，労務費のカテゴリー別集計，全ワーカーの直接作業時間の集計，配賦基準の集計などの各作業が，各部門任せとなっている。あるべき集計作業内容が明確になっていない。

【理想的な状況】

　原材料費の集計，労務費の集計，配賦基準の集計等，諸元データ集計に必要なプロセスが業務フローの形式でまとめられており，各関連部門担当者に周知されている。

　実際原価計算結果が不正確と判断される場合は，費目ごとの業務フローに基づき，諸元データ収集が適切に行われたかどうかをチェックする。

　また，安定的に原価計算が行われている場合でも，年１度程度はウォークスルーの手法により業務フローと実際の運用が一致しているかどうかを確認している。調査結果は経営層に報告している。

第2章 利益拡大を達成するための各問題点と管理手法の説明

【製品種類別原材料費集計プロセスの業務フローの例】

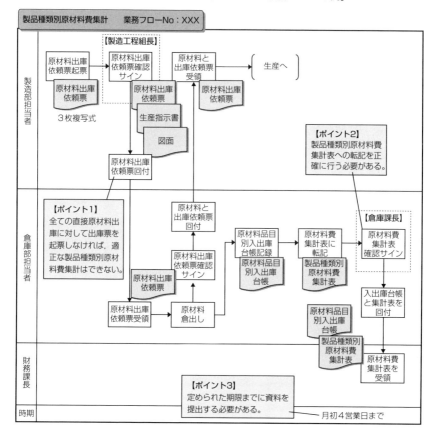

【さらなる原価計算精度向上のために】

原価計算の精度をさらに向上させるためには，下表の①いかに多くのデータを収集するか，②いかに正確に収集するか，③いかに早く（短時間で）収集するか，ということを考慮して，収集するデータの種類を増やす必要がある。

【原価計算の精度を左右する３つのポイント】

① いかに多くのデータを収集するか	② いかに正確に収集するか	③ いかに早く（短時間で）収集するか
【データの例】 □ 原材料出庫量 　（原材料種類ごと，製品種類ごと） □ 原材料単価（原材料種類ごと） □ 棚卸減耗損 □ 作業単価（職位ごと） □ 給与賃金額（残業・手当含む） □ 製造経費発生額（勘定科目ごと） □ 機械稼働時間（工程ごと，ロットごと） □ 機械設置面積（工程ごと） □ 不良品数量（工程ごと，製品種類ごと） □ 仕掛品月末数量（製品種類ごと） □ 仕掛品進捗率（製品種類ごと） □ 完成品産出量（製品種類ごと） 　　　： 　　　：	【統制手続の例】 □ 原材料出庫量のダブル・カウント（倉庫担当者と製造担当者） □ 予定消費量と実際消費量の突合せ □ 作業時間の上席者によるチェック □ 機械作業時間の自動カウント □ 完成品数量のダブル・カウント（製造担当者と倉庫担当者） □ 不良品数量のダブルカウント（製造担当者と検査担当者） □ 電気メーターの工程ごとへの設置 　　　： 　　　：	【集計早期化の手法】 □ 原材料出庫票の日々入力 □ 残業代・諸手当を週１回集計 □ 概算での未払費用・未払金の計上 □ 予定単価の利用 □ ITシステム化 　　　： 　　　：

当初の導入期にあたっては，いきなり複雑・情報量の多い原価計算を導入するのではなく，骨組みを固めてから，利害関係者の理解・納得に応じて徐々にデータ量を増加させるほうがスムーズ。

　まず，１つ目の「いかに多くのデータを収集するか」については，同じ原材料種類の出庫についても，投入先製品種類に加えて，投入先ロット番号，投入先工程に分解して記帳すれば，ロット別原価計算や工程別原価計算も行いうる。

　ただし，そのためには，都度の原材料出庫時点において投入先ロット番号や投入先工程コードを原材料出庫票に記録し，またロット番号別，工程別の原材料投入量集計も必要になる。

　２つ目の「いかに正確に収集するか」については，精度の高い原価計算を求めて収集データの種類を増やしても，正確に集計できなければ企画倒れになってしまう。そのための業務負荷に対応できる人員体制やITシステム投資が必

160

第2章　利益拡大を達成するための各問題点と管理手法の説明

要になる。

　また，現場担当者により原材料投入量の意図的な改ざん（責任逃れのために少なく消費したように見せかける）がなされない仕組み，牽制体制も必要である。

　3つ目の「いかに早く（短時間）で収集するか」については，多数の諸元データを業務負荷をかけて収集することとしたものの，集計時間を著しく要しているようでは，その後の分析と対応施策の検討もタイムリーに行えなくなってしまう。工場規模が大きくなれば，ITシステムを利用した費用集計の自動化，早期化は必須となる。

　筆者の経験では，当初の原価計算制度導入期においては，いきなり複雑かつ情報量の多い原価計算制度を導入するのではなく，骨組みを固めてから各関連部門の理解・納得に応じて徐々にデータ量を増やしていくほうがスムーズである。

4－5　原価計算方法が定まっていない

　「原価計算方法は担当者任せにせず体系図として可視化し，関連従業員で共有する」

【コスト低減のために】

　これまでの各項において，原価計算方法の明確化，原価計算結果の共有が会社組織としての原価低減活動に貢献することを説明した。

　原価計算方法を理解しようとすれば，これまで説明した各種帳票や業務フローを閲覧することにより可能である。しかしながら，これら帳票類は種類とページ数が多くなるので関連従業員全員が理解することは困難である。

　そこで，原価計算制度を体系図の形式でまとめ，関連従業員で共有することが望ましい。

【よくある問題点】

　「4－1　製品種類別採算管理が不十分」や「4－4　実際原価計算が不正確」で説明したような各種帳票類，業務フローを作成したものの，理解しているのは財務会計担当者のみであり，他の部門（製造部門，生産管理部門，倉庫部門，

161

購買部門等）は理解していない。

　原価計算や会計学の素養のない者が理解するためには相当の努力が必要になる。これはどの企業においても普通のことである。そのため，原価計算は「会計担当者が行うもの」という認識をもち，理解を示そうとしない。

　この状況で，原価計算の分析結果を示し原価低減施策の協議を行おうとしても，誰からも意見が出ない，出せない。

【理想的な状況】

　原価計算や会計にかかる素養がなくても理解できるように，下図の原価計算体系図を作成し，関連部門にて共有する。それぞれの部門がどの帳票，どのデータに責任を有するのかがひと目でわかる。

　原価計算結果数値に異議の有る場合は，それに関連する数値の諸元データがどこで生成されたのかを把握しやすい。

第２章　利益拡大を達成するための各問題点と管理手法の説明

【原価計算体系図の例】

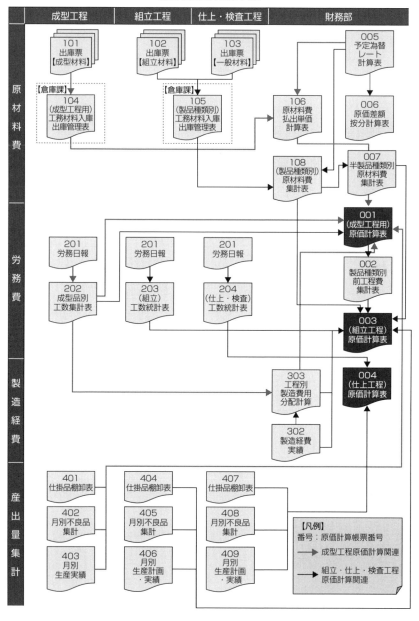

163

上図は，前項までの説明（単純総合原価計算）から進化した工程別総合原価計算の概念を取り入れている。そのため多少混みいっているが，毎月の原価計算会議において継続的に原価計算結果と対策を検討するためには有用である。

　これ以上原価計算について詳細に説明すると本書の趣旨から外れるので，このあたりでとどめておく。より詳しく知りたい方は，レイズビジネスコンサルティングのウェブサイト www.raiseconsult.com の「お問い合わせフォーム」からお問い合わせいただきたい。

4－6　顧客別採算管理が不十分

　「製品種類別に加え，顧客別に売上原価を集計し顧客別売上高と対比することによって，顧客別採算管理を行いうる」

【収益拡大のために】

　営業部長や総経理であれば，少なくとも感覚的には「大きな利益をもたらす重点顧客」と「利益は少なく手間ばかりかかる顧客」の区別を行っている。

　これを営業担当者に数値データをもって示し，「重点顧客」「通常顧客」「小規模顧客」の区分を認識できれば，組織的かつ効率的な営業活動を行いやすくなる。

　その前提としては，顧客別の売上高と，出荷した製品種類別の売上原価の対比が必要になる。製品種類別売上原価は前項までにおいて説明した適正な製品種類別原価計算の結果を利用して計算する。

【よくある問題点】

　営業部長や営業担当者は感覚的に顧客別の採算性を把握しているものの，厳密には顧客別粗利益が計算されていない。計算するための原価計算方法や制度が確立されていない。

　そのため，「重点顧客」についての認識が営業担当者ごとに異なり，組織的な顧客への営業活動を阻害している。

　全体を見通すことができる経営層，または長期間自社に勤めて顧客との取引の自社の歴史を知っている者にとっては，「重点顧客」を正しく認識できる。

164

第2章　利益拡大を達成するための各問題点と管理手法の説明

しかしながら，新任の営業担当者や営業部長であると，自身に振り当てられた担当顧客を「重点顧客」と認識してしまいがちである。

【理想的な状況】

　毎月「顧客別採算管理表」を財務会計部門が作成し，月次の営業会議に提示し営業部門内で共有している。

　採算性の高い重点顧客に対しては，営業担当者と経営層，営業部長が定期的に訪問，挨拶を行う等の対策を講じている。また，新製品や希少製品については重点顧客に優先的に提供するようにしている。

　これにより，限りある製品資源を有効に配分し供給している。

【顧客別採算管理表のイメージ】

（単位：人民元）

勘定科目	得意先甲		得意先乙	
売 上 高				
売上原価				
売上総利益				
勘定科目	製品種類A	製品種類B	製品種類B	製品種類C
売 上 高				
売上原価				
売上総利益	原価計算が適正になされていると，顧客別売上総利益も適正に計算される			
販売数量				
数量単位				

165

5 棚卸差損を防ぐ

5－1 実地棚卸残高を十分に把握できない

「定期的に棚卸資産の実地棚卸を行い，在庫管理業務の精度を評価する」

【コスト削減のために】

　合い見積りや原価企画により購買価格の低減や購買数量の節減に努力しても，在庫管理がいいかげんで説明のつかない原材料や製品の減耗や横領により棚卸資産が減失しているのでは，コスト（棚卸減耗損）が増加する。

　日本では年1度，または半年に1度の棚卸が通常であるが，中国ではモノがなくなりやすいという事情，背景から，毎月棚卸を実施しているケースが多い。この点は日本よりも厳密である。

　日々原材料や製品の入出庫頻度が多い場合は，ある程度の棚卸減耗損を許容する必要があるが，それでも許容範囲内に収まっているか，超えた場合の対策を適時に組織的に講じることにより，できるだけ減耗コストを減少させることが必要である。

【よくある問題点】

　毎月実地棚卸を行っているとはいうものの，倉庫担当者個人に任せっきりとなっている。

　棚卸資産入出庫台帳上の理論在庫数量の横に，実地棚卸数量を手書きした棚卸表はあるが，全て「理論在庫数量＝実際在庫数量」となっている。つまり，毎月棚卸差異はゼロであるという。

　倉庫担当者が退職し新しい倉庫担当者が着任すると，理論在庫数量と実際在庫数量に大きな乖離があることが判明する。従業員総出で棚卸を行おうとするも，倉庫内の在庫保管場所が混乱しており，前職の倉庫担当者がいなければ棚卸資産台帳と現物の照合を厳密に行うことができない。

　時間と労力をかけて置き場所の整理整頓からはじめ，厳密に台帳数量と現物の照合を行ったところ，数百万元の棚卸差異が明らかになった。

第2章　利益拡大を達成するための各問題点と管理手法の説明

【理想的な状況】

　まず，倉庫内の日々の整理整頓がなされている。多くの製造業の場合，部材や製品が大量にあると置き場所や棚番を固定化することは難しい。それでも同一物品はできるだけ同じ場所に保管し棚札を貼付することにより，倉庫担当者以外の第三者でも容易に棚卸を行いうる状況となっている。

　毎月末に実地棚卸を行っている。現物カウントにあたっては，2人1組で棚卸を行い両者が棚卸票にサインを記載している。また，財務部門等の第三者がサンプリングで棚卸票と在庫現物を照合し，確認サインを記載している。これにより，在庫がないにもかかわらず棚卸票にあると記載する不正を防止している。

　許容水準（例：理論在庫数量の±3％）を超える棚卸差異が判明した場合は，その理由を調査させる。理由が不明の場合は，物品を鍵のかかる倉庫に移動する等の対策を講じている。

【不正対策として】

　筆者の経験上，多額の棚卸差異が生じているとか，棚卸資産が横領されているという事案にあたった場合，往々にして倉庫内の整理・整頓ができていない。または倉庫内はある程度整理・整頓されていても，生産ラインの横に未使用の原材料が無造作に山積みにされていたりする。

　この状況では，不正をはたらく者としては，「多少の在庫を持ち出してもわかるまい」という心情になるものと無理はない。

　ただし，日常的な5S活動により在庫の整理・整頓が行き届いている事例も多い。大きな工場であっても日々の整理・整頓は不可能なことではないので，日ごろからの従業員への習慣付けが重要である。

【適正な財務諸表作成のために】

　貸借対照表上の棚卸資産残高に棚卸資産実物の裏付けがあるか，ということは，会計上も監査上も重要な論点になる。そのため，棚卸プロセスにおける牽制手続（具体的には，2人1組での棚卸と両者の確認サインや財務部門によるサンプリング棚卸証跡），棚卸差異の分析と承認手続は，J-SOX上も重要なコントロール

167

として設定される。

5-2　棚卸マニュアルがない

「多数の人員が参画する実地棚卸には，棚卸マニュアルを作成し事前に棚卸担当者に説明する」

【棚卸資産保全のために】

　前項において，適切に実地棚卸を行うためには，個人任せにせず組織的に実施する必要性を述べた。大きな工場であれば棚卸担当者は数十名になることもある。これら担当者に一定の手続に沿って現物カウントを行い，その結果報告を集計するためには，体系化された棚卸マニュアルが必要となる。

【よくある問題点】

　棚卸手続が口頭伝授である。2人1組で実施するとか，棚卸票に現物カウント数量を記載するとかを指示しある程度実施されているものの，棚卸に洩れがあったり，差異が十分に分析されないことがある。

　中国では，棚卸担当者の退職や新任の交代人員の就任が少なからず発生するので，その都度棚卸手続があいまいになっていく。「実地棚卸」といいながら実際は現物をカウントせずに理論在庫数量をそのまま実際在庫数量として手書きするなどの手抜きが発生する。

【理想的な状況】

　棚卸マニュアルを作成し，関連担当者に周知している。

　毎回の棚卸前にミーティングを開催し，棚卸マニュアルに基づき棚卸手続の周知，棚卸結果の収集方法，役割分担などを確認する。棚卸すべき全ての資産が棚卸されたかを確認する方法も定めている。

第2章　利益拡大を達成するための各問題点と管理手法の説明

【棚卸マニュアルの例】

棚卸マニュアル

Ⅰ　棚卸の意義

　1．財務会計上の意義

　　棚卸資産の月末／年度末在庫数量及び価額を確定し，月次・年度の適正な原価計算並びに期間損益計算を可能にするために，毎月末に棚卸を行う。

　2．管理会計上の意義

　　実際の棚卸資産在庫数量と帳簿上の棚卸資産数量とを比較することにより，在庫保管状況の妥当性判断を可能にするために，毎月末に棚卸を行う。

Ⅱ　棚卸対象棚卸資産

　1．棚卸を行う対象資産は以下の資産とする（以下，「原材料等」という）。

　　・　＊＊＊＊＊＊品在庫

　　・　輸入＊＊＊＊＊＊品在庫

　　・　＊＊＊＊＊＊在庫

　　・　＊＊＊＊＊＊器械在庫

　　・　事務用品在庫

　　・　消耗品在庫

　　・　間接材料在庫

　　・　未使用固定資産設備在庫

　2．上記以外の倉庫内資産（消耗品等）については，個数をカウントしないが，棚卸時に目視により併せて保管場所，整理状況の確認を行う。

Ⅲ　棚卸実施時期

　毎月末操業日の午後5：00以降に開始し，同日中に終了する。

Ⅳ　出庫の停止

　1．棚卸実施中は原材料等の出庫を停止する。そのため，製造部門は棚卸所要時間中に払出しが必要と予想される原材料等については，事前に倉庫部門に対して申請を行い，払出しを受ける。

169

Ⅴ　棚卸実施体制と役割

棚卸実施体制及び各担当者の役割は以下のとおりとする。

棚卸実施体制

担当者	機能
総経理	棚卸に必要な部門，人員の選定及び配置を行う。
会計責任者	棚卸結果を検討し，会計数値への反映について責任を負う。
倉庫責任者	棚卸を指揮し，棚卸の結果について責任を負う。
倉庫担当者	倉庫責任者の指揮の下，現物の棚卸及び集計を行う。

総経理
↓
会計責任者
↓
倉庫責任者
↓
倉庫担当者

Ⅵ　棚卸場所

棚卸場所は原則，当社の倉庫内とする。

ただし，倉庫内に入りきらない原材料がある場合，あるいは外部に保管されている原材料がある場合には，当社倉庫外にて棚卸を行うことがある。

Ⅶ　棚卸方法

1．事前準備

①　棚卸手続確認シートをアウトプットし，棚卸手続と実施担当者について確認を行う。

②　倉庫内の原材料保管場所に，棚卸対象原材料ごとのロケーション，管理番号，名称及びカウント単位を記載したラベルが添付されていることを確認する。

③　検収済みの原材料等を適切な場所に保管し，棚卸カウントがしやすいよう倉庫内を整理整頓する。

④　有効期限切れ等により価値がない原材料・消耗品については，関連部門責任者と協議の上，廃棄する。なお，月中に関連部門責任者と協議の上廃棄することを妨げない。

⑤　製造現場を視察し，出庫処理済みであるが，未使用となっている重要な原材料の有無を確認する。ある場合は，倉庫への戻入れ処理を行う。

⑥　棚卸対象外の物品（消耗品，預り品）については，棚卸対象とな

らない理由を記載したラベルを倉庫内現物に添付する。

⑦ 製造現場責任者に，棚卸を実施するため一定期間出庫を停止する旨を連絡し，承認を得る。

⑧ 各帳票（棚卸分担表，棚卸原票（正・副），棚卸集計リスト，棚卸原票コントロール・シート，棚卸差異分析表）を必要部数準備する。棚卸原票（正・副）には棚卸原票No.（連番）及び棚卸実施日を記入しておく。

2．棚卸の実施

① 棚卸責任者は棚卸実施担当者を集め，棚卸の開始を宣言する。

② 棚卸の実施に際しては，原則として会計責任者が立ち会う。会計責任者が不在あるいは多忙の場合は，会計責任者の代理者が立ち会う。

③ 棚卸責任者は，棚卸原票（正・副）を棚卸担当者に配布し，棚卸原票コントロール・シートへ棚卸原票番号を記入する。棚卸担当者（棚卸原票の受領者）は，棚卸原票コントロール・シートへ受領した旨のサインを行う。

④ 棚卸担当者は，倉庫内にて原材料等現物のカウントを行い，棚卸原票（正・副）にロケーション，原材料No.，原材料名称，数量，単位を記入する。

記入した棚卸原票（正）は原材料等現物に添付し，棚卸原票（副）は連番を確認の上，棚卸責任者に手渡す。手渡し時に，棚卸原票コントロール・シートの戻し者欄にサインを行う。

⑤ 棚卸責任者は，棚卸担当者から棚卸原票（副）を回収する。回収にあたっては，棚卸伝票（副）の連番，各項目の記入洩れ・不鮮明，棚卸担当者サイン洩れの有無を確認する。

棚卸原票の枚数が多い場合は，棚卸原票（副）を棚卸担当者に確認させることができるが，その場合でも棚卸原票記入者と棚卸原票確認者が一致してはならない。

⑥ 棚卸担当者から棚卸原票（副）を回収した都度，棚卸責任者は棚卸分担表の消込みを行い，棚卸進捗状況を管理する。

⑦ 連番を付されたものの未使用の棚卸原票がある場合は，棚卸責任者が当該未使用原票を確認の上，原票番号を棚卸原票コントロール・シートに記入する。当該未使用の棚卸原票は使用済み棚卸原票

とともに一定期間保存する。

⑧　棚卸責任者は，上記全ての棚卸手続が完了したことを確認した後，棚卸の終了を宣言する。

3．棚卸の集計

①　棚卸担当者は，棚卸実施日の翌操業日に，棚卸原票（副）上のデータを棚卸集計表に入力する。入力にあたっては，棚卸担当者間で相互にチェックし入力の正確性を担保する。

②　棚卸責任者は，棚卸担当者が入力した棚卸集計表を閲覧し，集計金額についての確認を行う。

4．棚卸差異分析

①　棚卸担当者は，棚卸集計表に入力されたデータを，帳簿上の残高データと照合し，棚卸差異を算定する。棚卸差異は適時に棚卸責任者に報告する。

②　倉庫部門は，一定基準を超える棚卸差異については，過去の入出庫データの調査あるいは倉庫内の再検索等により，原因を究明する。

③　原因不明な棚卸差異が多額の場合は，適時に会計担当者又は総経理に報告し，対策の指示を受ける。

5．会計部門への報告

①　棚卸資産の集計結果及び棚卸差異の金額については，倉庫部門にて集計後，遅滞無く会計責任者に報告する。

②　会計責任者は，倉庫部門より棚卸結果の報告を受け，集計された棚卸資産残高及び棚卸資産の評価額についての検討を行う。

③　棚卸結果が妥当と判断された場合は，遅滞なく伝票を起票し，会計上への反映を行う。

Ⅷ　附　　　則

・　「棚卸マニュアル」は20XX年XX月XX日に制定された。20XX年XX月末の棚卸より運用を開始する。

・　「棚卸マニュアル」の改訂にあたっては，倉庫責任者及び会計責任者が協議の上行い，総経理の承認を受ける。

以　上

『中国現地法人の財務会計業務チェックリスト〔3訂版〕』（税務経理協会）より引用

第2章　利益拡大を達成するための各問題点と管理手法の説明

【棚卸業務フロー（準備編）の例】

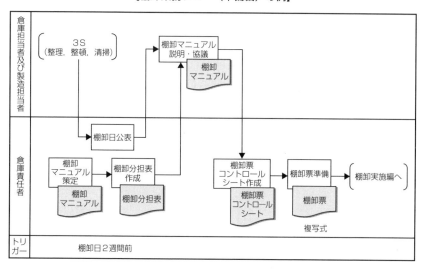

【棚卸業務フロー（実施編）の例】

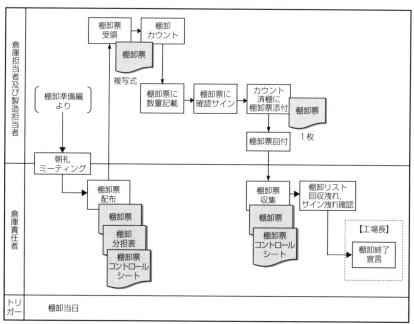

173

5－3　現物へのアクセス制限がなく持ち出しし放題

「原材料や製品現物の保管場所はパーテーションで区切り，誰でも出入りできないようにする。原材料等の出庫に際しては，出庫票を起票し倉庫担当者と製造担当者（受取者）の確認サインを記載するルールとする」

【棚卸資産保全のために】

中国では，特に金具等の金属部品は横領の対象にされやすい。格差社会における給与賃金の低い労働者にとっては，1個数元程度の部品でも多数を横流しし金属として廃品回収業者に売却すれば，1か月程度の給与額はすぐに稼ぐことができる。

また，中国でも工場のワーカーは売り手市場であり，横領がばれそうになると退職し次の工場に転職する。中にはそのような手口を常用している不届き者もいる。

中国人の名誉のために申し添えるが，割合としては少ない。しかしながら，恒常的に横領がなされると，数年で数百万元の損害になることもある。

対応としては，誰でも棚卸資産にアクセスできるのではなく，パーテーションで区切り鍵をかけ，出庫時には何に利用したかを明確にできるようにすることである。

【よくある問題点】

原材料等の移動の便利さを図るために，原材料や製品の置き場がパーテーションで区切られていない。

昼間は倉庫担当者等の目視による管理があるため，なかなか不正に持ち出すことはできないが，倉庫担当者が帰宅後の夜間になると原材料等を持ち出しし放題になっている。特に24時間操業の工場では，夜中に製造担当者が工場内に出入りすることは不審ではないため横領のリスクが高まる。

工場内に複数の監視カメラを設置し映像を記録しているが，映像を過去に遡って長時間閲覧し不正な持ち出しの有無を確認している者はいない。

筆者の不正調査における経験では，会社が設置している監視カメラの映像記

第2章　利益拡大を達成するための各問題点と管理手法の説明

録が過去の一定時間消去されている事例があった。不正調査を行うまでは，過去の映像が消去されていたことは把握されていなかった。誰が消去の操作を行ったのかもいまだにわからない。

【理想的な状況】

　まず，倉庫担当者は生産計画とBOM表から，当日出荷すべき原材料の種類と量をある程度事前に把握している。または，生産管理部門が必要出庫量を計算し倉庫担当者に伝達している。必要出庫量の算定にあたっては生産現場で発生するであろう不良品率が考慮され，ある程度のバッファーが上乗せされている。

　倉庫担当者は，必要出庫量に基づき倉庫から原材料のピックアップと配膳を行い，生産担当者が取りやすいようトレイに並べておく。生産担当者が原材料を取りに来ると，倉庫担当者が起票した出庫票に生産担当者の受取サインを得てから原材料現物を渡す。

　夜間も生産する場合は，倉庫担当者は帰宅前に当夜生産に必要な量の原材料を配膳する。帰宅前に生産担当者の受取サインを出庫票に得る。

　倉庫担当者帰宅時には原材料倉庫を施錠し，むやみな持ち出しがなされることを防止する。

175

【原材料出庫票の例】

原材料出庫票

※ 生産部担当者は，当出庫票に出庫日，必要原材料，数量，出庫先生産指示書Noを記載し，
倉庫担当者に渡す。
倉庫担当者は倉庫内から必要原材料を取り出し，生産部担当者に渡す。
原材料受渡し時に，出庫者（倉庫）と受領者（生産部）が当出庫票にサインを記載する。

連番	出庫日	出庫者（倉庫）	受領工程	受領者
20190531225	2019／5／31	朱元璋	裁断工程	李淵

No.	原材料名称	原材料型号	数量	単位	出庫先　生産指示書No.
1	ファブリックNN08	FNN008	50	M	N1081551
2	ファブリックNN08	FNN008	50	M	N1081551
3	ファブリックSY16	FSY016	30	M	N1081552
4					
5					
6					
7					
8					

【適正な財務諸表作成のために】

　原材料の出庫や製商品の出荷データは，貸借対照表の棚卸資産残高と損益計
算書の売上原価データに影響を与える。そのため，J-SOXでは棚卸資産の出庫
／出荷データが適切に記録されるためのコントロールが要求される。

　具体的には，上票の「原材料出庫票」や「製品出荷指示書」を利用し，出庫
者（倉庫）と受領者（原材料の場合は生産担当者）の確認サインを残すことが求め
られる。

　しかしながら，棚卸資産の出庫は頻度が多く，またその種類も多い場合は，
原材料出庫票等を都度いちいち記載することには高い業務負荷を伴うことにな
る。

　対策として，ITシステムを利用したバーコード入力と自動集計が挙げられる。
棚卸資産の取扱いは多数の関係者が携わることになるため，ITシステムを利
用して業務負荷なく画一的な手続がなされるようにすることが望まれる。

第2章　利益拡大を達成するための各問題点と管理手法の説明

【バーコードを利用した原材料出庫管理イメージ】

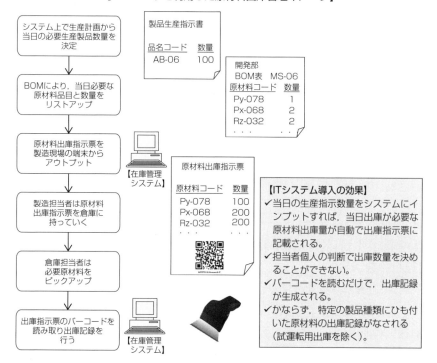

5-4　外部預け原材料の確認が不十分

「外部預け原材料については，定期的に残高確認書を入手することに加え，保管現場まで実際に訪問し保管状況の確認と棚卸カウントを行う」
【棚卸資産保全のために】

　日本であれば，外部倉庫業者に預けている棚卸資産に対しては半期に1度等定期的に残高確認書を取り寄せ，外部に保管されていることの証拠とすることができる。

　中国でも同様に残高確認書を倉庫業者から取り寄せることはもちろん可能であるが，それだけをもって安心してはいけない。倉庫業者によっては，ずさんな保管体制によって荷崩れや雨ざらしなどで預け資産が毀損しているリスクが

177

ある。

　対策としては，残高確認書を入手することに加え，実際に現地に訪問し保管状況の確認と棚卸カウントを行う。

【よくある問題点】

　倉庫業者から預け在庫の入出庫台帳（Excel）をEメールで毎月入手している。しかしながら，倉庫業者の社印入りの正式な残高確認書はこれまで入手していない。

　また，倉庫業者の保管現場に訪問したこともなく，倉庫業者の管理に任せきっている。在庫保管業務を委託した当初は，倉庫業者の担当者はしっかりしており毎月入出庫台帳（Excel）を送信してきたが，その担当者が退職し後任の担当者になると倉庫会社内での引継ぎが不十分で，品目の知識や数量単位の記録が曖昧になってくる。倉庫業者内でも担当者個人に任せっきりとなっている。

【理想的な状況】

　半年に1度倉庫業者から預け在庫にかかる残高確認書（会社印押印済み）を入手している。かつ，年1度は当社担当者が倉庫現場に訪問し，倉庫業者から入手した入出庫台帳上の残高と預け品現物を棚卸のうえ照合している。照合結果である棚卸リストは財務部門に回付され，当社の帳簿在庫残高と整合していることを確認している。

　加えて，年1度は外部倉庫現地に訪問し，倉庫内の自社製品の整理・整頓の状況，荷崩れ等の毀損の有無，あるべき帳簿残高と現物の照合カウントを行っている。問題が発見された場合は，直ちに外部倉庫の現場責任者にその旨を伝達している。

【不正対策として】

　長年の棚卸資産横領の積み重ねの発覚を防ぐための言い訳として，「外部倉庫に預けてある」というものがある。現場担当者のこの言い訳を鵜呑みにしてしまい，帳簿在庫数量と実際在庫数量の多額の差異を放置してしまうことがある。

　また，外部の倉庫業者と通謀し，実際は保管されていない物品のリストを残

第2章　利益拡大を達成するための各問題点と管理手法の説明

高確認書として発行し倉庫会社の社印を押印させることもある。後日実物がないことが発覚し倉庫業者に責任を追及するも，「当社はそのような残高確認書は発行していない。解雇した担当者が勝手にやったことである」という回答が返ってくる。裁判に訴えることは可能であるが，時間とコストがかかるうえに倉庫業者から十分な求償が得られるかどうかはわからない。

　やはり，残高確認書のみで安心するのではなく，少なくとも年1度程度は実際に現場に訪問して確認する必要がある。

5－5　外部預け完成品の確認が不十分

　「顧客への外部預け完成品在庫についても，定期的に顧客に訪問し実地棚卸を行う」
【棚卸資産保全のために】
　前項では，原材料を一時的に外部倉庫に預けている場合における外部倉庫業者への残高確認の重要性を説明した。

　本項は，自社の完成品を顧客に預けており未検収となっている場合の預け在庫の残高確認についてである。内容は「1－23　顧客への預け在庫を未確認」と同様であるので，そちらを参照されたい。

5－6　滞留原材料が多い

　「滞留原材料が生じた場合は，なぜそのような原材料を購入したのか，原因を分析し，今後はできるだけ不要な原材料を購入しないようにする」
【コスト低減のために】
　多種類の原材料を取扱製品の生産を行っていると，長期間利用せずに放置される原材料，すなわち滞留原材料が生じることがある。これらについて，まずは他の生産への転用の可否を検討することになるが，転用できないものは倉庫スペースの占有を防ぐため低価格で販売するか廃棄することになる。

　滞留原材料が生じる原因はいくつかあるが，例として次のものが挙げられる。

179

原因1：顧客から受注した製品の生産のために原材料を購入したが，その後受注がキャンセルとなった。他の生産にその原材料を転用できない。

原因2：当社原材料必要数量は300個であるが，仕入先からは1ロット500個でしか売ってもらえない。200個が余剰になるが，次の受注・生産を期待して500個購入した。しかしながら，その後の受注は顧客からもらえなかった。

原因3：顧客からの受注量に対応するためには1,000個の原材料購入量が必要であるが，当社の生産工程上不良品が発生するので歩減りを見越して1,100個の原材料を購入した。顧客には無事注文どおりの製品を納品したが，歩減りが予想以上に少なく50個の原材料が余った。他の生産に当該原材料は転用できない。

滞留原材料が発生した原因を分析し，購入時の判断が仕方のないものか，あるいは改善すべきであるのかを明確にし，関連者にフィードバックする必要がある。

【よくある問題点】

多量の滞留原材料が発生していても，誰も問題意識を持っていない。

将来いつかは滞留原材料の使い道があるかもしれないとして，倉庫内に大量に保管したままとしている。このような場合，往々にして倉庫内が混みあい，乱雑に積み上げられている。見た目で古い原材料であることはわかるが，厳密な購入時期はわからなくなっている。実地棚卸も厳密に行えなくなっている。

購買部門はこのような倉庫内の事象について問題意識をもっていない。そのため，上記の原因1～3を伴うような発注を継続的に行っている。

【理想的な状況】

購入した原材料の全ての箱に倉庫への納品日を記載した棚札を貼付し，半年に1度の棚卸時に1年以上滞留の原材料をリストアップしている。

滞留原材料リストは，月次の経営会議において転用，売却または廃却について検討している。経営会議には，総経理，工場長，生産管理部門，生産部，倉庫部門，購買部門，営業部門，財務部門の各リーダーが参加している。

第2章　利益拡大を達成するための各問題点と管理手法の説明

　まず，上記の「原因1：顧客による中途キャンセルによる滞留原材料」に対しては，発注書，契約書の存在を理由として顧客に買取りを求償できないかを検討する。優良顧客で継続的な受注により原材料廃棄損をカバーできると判断される場合は，総経理決裁のもと滞留原材料の廃棄を行う。

　上記の「原因2：仕入先のロット販売による滞留原材料」に対しては，営業部門と協議し，当社も顧客に対して「1ロット○○個／単位でしか販売できません」と交渉することを検討する。顧客が応じない場合は，原材料廃棄損を見越した販売単価設定とするか，受注をあきらめる。この方針は営業部門に認識，理解してもらうことになる。

　上記の「原因3：当初予想よりも歩減りが良好だったことによる滞留原材料」に対しては，今後も良好な生産が継続するようであれば，購買部門に余剰な発注を減らすよう指示することになる。

　これ以外にも滞留原因や対策はあると思われるが，重要なことは①滞留原材料の存在を露わにすること，②対策を組織的に検討することの2点である。

【不正対策として】

　不正の方法の一つとして，購買担当者が意図的に過大な量の原材料を仕入先に発注し，仕入先からキックバックを得る，というものがある。

　対策としては，「3-9　二重発注を行っている」を参考にされたい。

【適正な財務諸表作成のために】

　J-SOX上，決算財務報告プロセスにおいて，「会計上の見積り」という論点がある。これは主に引当金の計上や減損会計を適正に行うための手続を確立し運用することを要請するものである。

　本項に関連するのは，「棚卸資産（原材料）減損引当金」の計上ということになる。つまり，滞留原材料は実体のある資産であるものの将来の使用見込みがない場合は，会計上の資産の価値はないものとして処分可能価額まで帳簿価額を引き下げることが会計基準により要請される。

　しかしながら，「将来の使用見込みがある／ない」というのは将来予測であるから，誰も断言できるものではない。その対策としては，上記【理想的な状

181

況】において説明した経営会議における検討を行いその議事録を残すことによって，将来の使用見込みと滞留原材料の処理方法を組織的に検討したことを立証することができるようにしておくことが挙げられる。

5－7　原材料発注トリガーが曖昧

「原材料等の発注には，『なぜそれを購入するのか』という明確な根拠が必要である」

【コスト低減のために】

「3－1　BOM表が明確でない」において，原材料等を仕入先に発注する際には，BOM表や生産計画に基づく購買計画などの根拠を備えておく必要性を述べた。これにより，購買担当者の独断による恣意的な発注を防ぐことができる。

このことは，前項の不要な滞留原材料の発生を防ぐことにもつながる。つまり，原材料等の発注根拠，トリガーを明確にし，これら必要性に基づき購買発注を行うルールとすることにより，滞留原材料の発生を減少させることができる。

【よくある問題点】

発注根拠，トリガーを組織として明確にしていないため，購買担当者個人の判断で発注品目と数量を決めている。

購買担当者にヒアリングすると，「顧客からの製品受注数量，生産計画や在庫数量を参照して，購買品目と数量を決めている」という。この回答は正しい。しかしながら，これらを説明するための生産計画とひも付きになった購買計画等の資料は提示されない。

この状況では，不要な原材料の購入防止，ミスによる過大発注の防止は，購買担当者個人の経験，能力と良心に依存している。

【理想的な状況】

発注トリガーとして望ましいのは，顧客からの受注に基づく製品生産計画の策定，そしてこれとBOM表に基づく購買計画の策定である。「3－8　購買

182

第2章　利益拡大を達成するための各問題点と管理手法の説明

発注トリガーが不明確」において詳述しているので参考にされたい。

　これによっても，前項の滞留原材料が発生する原因1から3を防ぐことはできないが，少なくとも購買担当者によるミス，錯誤による過大発注により，不要な滞留原材料が発生することは防止できる。

5－8　滞留完成品／仕掛品が多い

　「滞留完成品／仕掛品が生じた場合は，なぜそのような完成品等の生産指示を行ったのか，原因を分析し，今後はできるだけ不要な生産指示を行わないようにする」

【コスト低減のために】

　通常，完成品や仕掛品は何らかの必要性があって生産指示が行われたはずである。にもかかわらず，完成品が顧客に出荷されずに自社の倉庫で長期間滞留しているという状況は，何らかの原因があったはずである。

　これらについて，まずは今後の販売可否を検討することになるが，販売できないものは倉庫スペースの占有を防ぐため低価格で販売するか廃棄することになる。

　前々項と同様に，完成品や仕掛品が顧客に出荷されずに滞留する原因を例示すると，次のとおりである。

　原因1：顧客から受注し生産したものの，その後顧客からキャンセルの連絡があった。当該製品は他の顧客には販売できない。

　原因2：見込み生産で多量の製品を生産したものの，当初の予想より実際販売量が少なく在庫として残った。

　原因3：いったんは顧客に出荷したものの，不良品として顧客から返品され改修できずに倉庫内に長期間保管されている。

　滞留完成品／仕掛品が発生した原因を分析し，生産指示の判断が仕方のないものか，あるいは改善すべきであるのかを明確にし，関連者にフィードバックする必要がある。

183

【よくある問題点】

多量の滞留完成品／仕掛品が発生していても，誰も問題意識を持っていない。

将来いつかは滞留完成品が売れるかもしれないとして，倉庫内に大量に保管したままとしている。このような場合，往々にして倉庫内が混みあい，乱雑に積み上げられている。見た目で古い完成品であることはわかるが，厳密な生産時期はわからなくなっている。実地棚卸も厳密に行えなくなっている。

営業部門や生産管理部門はこのような倉庫内の事象について問題意識を有していない。そのため，上記の原因1～3を伴うような生産指示を継続的に行っている。

【理想的な状況】

〈滞留完成品に対して〉

生産した完成品の全ての箱に倉庫への入庫日を記載した棚札を貼付し，半年に1度の棚卸時に1年以上滞留の完成品をリストアップしている。

滞留完成品リストは，月次の経営会議において転用，売却または廃却について検討している。経営会議には，総経理，工場長，生産管理部門，生産部，倉庫部門，購買部門，営業部門，財務部門の各リーダーが参加している。

まず，上記の「原因1：顧客による中途キャンセルによる滞留完成品」に対しては，発注書，契約書の存在を理由として顧客に買取りを求償できないかを検討する。優良顧客で継続的な受注により完成品廃棄損をカバーできると判断される場合は，総経理決裁のもと滞留完成品の廃棄を行う。

上記の「原因2：過大な見込み生産量」に対しては，営業部門と協議し，さらなる営業努力が可能かを検討する。また，実際生産量が当初の見込みよりも少なくなった原因を検討し，今後の販売計画と生産計画の見直しに反映させる。

上記の「原因3：顧客から返品された不良品」に対しては，技術的な原因分析を行い，改修可能性，他の顧客への販売可能性がないと判断されれば総経理の承認のもと廃棄処理する。

〈滞留仕掛品に対して〉

生産管理部門は，生産指示を行った（生産指示書を発行した）にもかかわらず，

第2章　利益拡大を達成するための各問題点と管理手法の説明

完成品として入庫されていない仕掛品を生産指示書発番台帳上で毎月把握している。

　そのうち，長期間完成入庫されない案件については，生産現場に問い合わせその理由を把握している。短期的に解消できない理由であれば，営業部門にも連絡し顧客への対応（納期遅れの了解を得る等）を検討している。

　また，この状況は毎月の経営会議にも上程され，状況の共有と組織的な対策検討につなげている。

　前々項と同様に，重要なことは①滞留完成品／仕掛品の存在を露わにすること，②対策を組織的に検討することの2点である。

5−9　生産指示トリガーが曖昧

　「生産指示は担当者任せにせず，その根拠を明確にする」

【コスト低減のために】

　ある程度の規模の工場においては生産管理部門が設けられ，「いつ，何を，どれだけ，いつまでに」生産するかを決定し生産工程に指示を行う。

　受注生産型であれば，顧客からの受注に基づき生産指示を行うことで足りるが，見込み生産型である場合は将来の販売予測や顧客の状況を加味しなければならない。また，受注生産であっても顧客からの注文が集中する季節がある場合は，生産キャパシティの制約から将来の受注を見越して閑散期に生産を行うという対応も必要である。

　余剰なく，かつ不足なく生産指示を行うためには，何らかの生産指示根拠があるはずである。この根拠の精度が高ければ，不要な製品をつくることはない。

【よくある問題点】

　生産指示が生産管理担当者個人任せになっている。

　生産管理担当者に「生産指示のトリガーは何か？」と質問すると，「顧客からの受注量や販売計画，在庫の状況，生産キャパシティ等を勘案して決定している。生産計画も作成している。」という。この回答は正しい。

　しかしながら，生産計画を閲覧すると，Excelで作成されており第三者が見

185

てもその妥当性を検討できない。そもそも生産管理担当者は自分の備忘メモとして「生産計画」を作成しているのであるから，第三者に見せることを想定して作成していない。

　実際のところ，この工場では過剰な製品在庫や欠品が発生している。

【理想的な状況】

　余剰なく，かつ欠品なく生産計画を策定することは実に難しい。将来の販売計画や顧客からの受注見込みを予測して生産計画を作成しなければならないからである。

　対策としては，「1－18　生産計画が担当者任せ」においても説明したが，生産管理部門のみに任せるのではなく，営業部門，製造部門，倉庫部門と協議のうえ精度の高い生産計画を策定する必要がある。

　これによっても，前項の滞留完成品が発生する原因1から3を完全に防ぐことはできないが，少なくとも購買担当者によるミス，錯誤による過大生産指示により，不要な滞留完成品在庫が発生することは防止できる。

5－10　原材料入庫データが不正確

　「仕入先から原材料が納品された場合は，所定の検収手続（品目，数量，品質をチェック）のうえ入庫処理を行う。あわせて，都度入庫記録を作成する」

【棚卸資産保全のために】

　原材料を入庫したにもかかわらず適時，適切に記録されなければ，当社の原材料入出庫台帳の記録が不正確になる。その後の実地棚卸に際しては「台帳には記載されていないが，現物がある」ことになり，棚卸差異の分析に時間と手間がかかる。

　原材料の入庫に際しては，その都度適時に入庫票を作成し入出庫台帳に転記する必要がある。

【よくある問題点】

　検収入庫手続が倉庫担当者個人に任せられている。

　現場における検収手続を見ていると，仕入先から納品された原材料の箱を開

第2章　利益拡大を達成するための各問題点と管理手法の説明

封せず，仕入先が作成・添付した納品書に記載されている品目，数量を鵜呑みにして入出庫台帳を記録している。

　仕入先が間違いなく納品書記載の品目と数量を箱の中に入れていれば問題はない。しかしながら，多数の仕入先から多数回納品されている場合に，全ての仕入先の納品管理を信用していると，当然，中には過不足のケースが生じている。

　都度開封して確認していなければ，どの入庫案件で過不足が生じていたのかを後日に検証することは非常に困難である。

【理想的な状況】

　原材料種類別に検収手続が定められている。

　ネジやナットのように単価が安く量が多くなる原材料種類については，原則として箱数×箱記載の数量に基づき入庫票を起票し原材料入出庫台帳に転記してよい。

　一方，単価が高い原材料については開封のうえ品目，数量，品質をチェックしている。多量であり全件検査を行うと業務負荷が著しく高くなる場合は，50箱から任意の5個を抽出のうえ開封検査を行う等のサンプリング検査手続が定められている。

　入庫票には，起票者と確認者の2名がサインすることとなっている。これにより入庫票の起票洩れ，または記載誤りが発生することを防止している。

　入庫票は，原材料入出庫台帳に転記され品目別の帳簿在庫数量が増加する。

　後日の実地棚卸の際，原材料入出庫台帳に記載されていない原材料現物が発見された場合，該当する品目の過去の入庫票の束と原材料入出庫台帳を照合すれば，原材料入庫票の台帳への転記洩れを発見することができる。

　いずれの場合も，原材料の入庫処理手続が事前に定められ，検収担当者に周知されていることがポイントである。

5－11　原材料出庫データが不正確

　「原材料の出庫（生産投入）に際しては，払出品目と数量を確認のうえ，都度

187

出庫記録を作成する」

【棚卸資産保全のために】

原材料を出庫したにもかかわらず適時，適切に記録されなければ，当社の原材料入出庫台帳の記録が不正確になる。その後の実地棚卸に際しては「台帳には残数量が記載されているが，対応する現物はない」ことになり，棚卸差異の分析に時間と手間がかかる。

原材料の出庫に際しては，その都度適時に出庫票を作成し入出庫台帳に転記する必要がある。

【よくある問題点】

全ての出庫に際して原材料出庫票が起票されていない。

まじめな倉庫担当者は，原材料を出庫する都度出庫票を起票し，出庫日，品目，数量，出庫先工程または出庫先製番を記載している。しかしながら，ルールを無視して原材料を持ち出す生産現場担当者がいる（「5－3　現物へのアクセス制限がなく持ち出しし放題」参照）。

そのため，実地棚卸時に台帳記録上の理論在庫数量と現物カウント数量が一致しない。これが常態化すると，倉庫担当者は差異分析を行うことをあきらめる。

【理想的な状況】

原材料置き場はパーテーションで区切られ，入り口に鍵がかけられるようになっている。これにより，倉庫担当者等の限られた者しか原材料置き場に入退室できない。

全ての原材料の出庫に際しては原材料出庫票が起票され，出庫日，品目，数量，出庫先工程または出庫先製番（製造指示書番号）が記録される。原材料出庫票には払出者（倉庫担当者）と受取者（生産担当者）のサインが記載される。

後日の実地棚卸の際，原材料入出庫台帳残高と原材料現物残高に差異が発見された場合，該当する品目の過去の出庫票の束と原材料入出庫台帳を照合すれば，原材料出庫票の台帳への転記洩れを発見することができる。

いずれの場合も，原材料の出庫処理手続が事前に定められ，倉庫担当者と全

ての生産担当者に周知されていることがポイントである。

原材料出庫票のフォーマットについては,「5－3　現物へのアクセス制限がなく持ち出しし放題」を参照されたい。

5－12　完成品入庫データが不正確

「生産工程が生産した完成品は,所定の検収手続（品目,数量,品質をチェック）のうえ入庫処理を行う。あわせて,都度入庫記録を作成する」

【棚卸資産保全のために】

完成品を入庫したにもかかわらず適時,適切に記録されなければ,当社の完成品入出庫台帳の記録が不正確になる。その後の実地棚卸に際しては「台帳には記載されていないが,現物がある」ことになり,棚卸差異の分析に時間と手間がかかる。

完成品の入庫に際しては,その都度適時に入庫票を作成し入出庫台帳に転記する必要がある。

【よくある問題点】

製造業であれば,完成品の最終検査手続やチェック項目が品種別に設けられている。最終の検査工程で検査手続を怠ると,顧客からのクレームが生じるリスクがあるからである。

ただし,検査工程が1人の担当者に任せられていると,だんだんと検査手続の手抜きが生じてくる。検査担当者の交代の頻度が高いとなおさらである。

倉庫担当者は,検査工程担当者から受け取った完成品現物と完成検査票記載の数量を照合し完成品入庫票を作成することとなっている。しかしながら,検査担当者の作成した検査票記載の数量を鵜呑みにし現物の品目と数量を確認せず,完成品入庫票を起票し完成品入出庫台帳に転記する。

その結果,実地棚卸時に台帳数量と完成品現物数量の差異が発見されるが,その原因を分析することはできない。

【理想的な状況】

検査工程において完成品検査を行った場合は,その結果を完成品検査票に記

189

載している。完成品検査票には品目，数量，品質検査結果が記載され，検査担当者2名の確認サインが記載されている。

　倉庫担当者は完成品検査票と完成品現物を照合し，数量が一致していれば入庫票を起票し完成品現物を倉入れする。また，入庫票を完成品入出庫台帳に転記する。

　後日の実地棚卸の際，完成品入出庫台帳に記載されていない完成品現物が発見された場合，該当する品目の過去の入庫票の束と完成品入出庫台帳を照合すれば，完成品入庫票の台帳への転記洩れを発見することができる。

【不正対策として】

　完成品の入庫倉入れの際，その製品を生産する基となった生産指示書と照合する必要がある。

　不正の一つとして，当社の製品ラインナップにはないものを生産し，第三者に売却するというものがある。これは，工場長等の権限者が当社の生産設備やワーカー，原材料を流用して個人的に生産を指示し，生産品の売却代価を着服している。

　また，当社の製品ラインナップにある製品であるが，当社の顧客からの受注量よりも多く生産し，余剰分を当社の顧客ではない第三者に販売し代金を着服するという不正もある。

　これらの対策としては，当社の生産管理部門が受注データに基づき正式に発行した生産指示書がなければ，生産ラインは生産してはならないし，また原材料も出庫してはならない，というルールを設けることが有効である。

　加えて，完成品入庫時にもその生産の基となった生産指示書と完成品検査票，完成品現物を倉庫担当者が照合する。生産指示書のない完成品がある場合は，倉庫担当者から経営層に内部通報するようルール化，説得することも有効である。

5－13　完成品出庫データが不正確

　「完成品の出荷に際しては，受注データとひも付いた出荷指示書と完成品現

物（払出品目と数量）を照合のうえ，都度出荷記録を作成する」

【棚卸資産保全のために】

完成品を出荷したにもかかわらず適時，適切に記録されなければ，当社の完成品入出庫台帳の記録が不正確になる。その後の実地棚卸に際しては「台帳には残数量が記載されているが，対応する現物はない」ことになり，棚卸差異の分析に時間と手間がかかる。

完成品の出荷に際しては，その都度適時に完成品出庫票を作成し入出庫台帳に転記する必要がある。

【よくある問題点】

完成品出荷手続が1人の倉庫担当者に任されている。そのため，担当者のミスや錯誤により梱包誤りや出荷先誤りが生じ，顧客からのクレームにつながる。

【理想的な状況】

ITシステムを利用し，顧客からの受注データ（品目，数量，納期）に基づきシステム内で出荷計画が生成される。

営業担当者はシステム画面の出荷計画を参照し，顧客から納期変更等の連絡を受けていなければ，出荷指示書をシステム上で生成し上席者の確認サインを得る。出荷指示書には受注データに基づく完成品品目，数量と，顧客マスタから顧客名，出荷先住所，電話番号等が自動転記されている。

倉庫担当者は出荷指示書に基づき倉庫内の完成品をピックアップし梱包する。出荷指示書記載の顧客名，住所，電話番号を物流会社の運送票に転記する。出荷指示書には，倉庫担当者ともう1人の倉庫担当者のあわせて2名の確認サインが記載される。その後，出荷済みの出荷指示書に基づきITシステムに出荷済み数量を入力している。また，営業担当者は自身が行った出荷指示どおりに完成品が出荷されたことをシステム画面上でモニターしている。

これにより，「完成品を出荷したにもかかわらず出荷データ入力処理洩れ」の有無を日々確認している。

【不正対策として】

上述の「受注データとひも付いた出荷指示書と完成品現物の照合」がポイン

トである。すなわち，顧客からの受注がないにもかかわらず，完成品を顧客以外の第三者に出荷，横流しすることを防止している。

この前提としては，倉庫担当者に「出荷指示書がなければ，出荷作業を行ってはならない。営業担当者や上司から口頭での出荷依頼は拒否して経営層に直接その旨を通報するように」というルール作りと説得が必要になる。

5－14　仕掛品帳簿残数量がおかしい

「生産途中の仕掛品については，半期に1度は生産ラインを停止し実地棚卸を行う」

【棚卸資産保全のために】

原材料や完成品と異なり，完成品の実地棚卸は難しい。その理由は，工程が複数ある場合，最終工程に近づくにつれ完成品に近い形，数量単位になるため現物のカウントを行いやすいが，初期の工程においては原材料の形に近いので，現物カウントと完成品換算数量の算出は行いにくい。

そのため，仕掛品のカウントは通常は帳簿棚卸であり現物のカウントはなかなか行われない。しかしながらモノのなくなりやすい中国では半年に1度程度は生産ラインを停止して仕掛品現物カウントを行うことが望まれる。

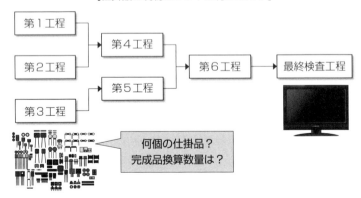

【仕掛品の現物カウントは行いにくい】

第2章　利益拡大を達成するための各問題点と管理手法の説明

【よくある問題点】

仕掛品の実地棚卸が行われていない。会計帳簿上も仕掛品を計上していない。

まず，仕掛品の実地棚卸が行われていないことについて説明する。

倉庫部門は自身の管轄範囲である倉庫内の原材料と完成品については実地棚卸を定期的に実施するものの，生産工程内の仕掛品については自身とは関係ない（と認識している）ため，実地棚卸を行おうとしない。

通常，仕掛品の実地棚卸は生産部門の役割となるが，工程内に仕掛品が多数ある場合現物カウントは手間がかかる。また，厳密に仕掛品カウントを行うためには生産ラインを止める必要がある。これは生産作業効率を低下させるものであるから生産担当者，リーダーが反発する。そのため，当工場では設立以来仕掛品の実地棚卸は1度も行われたことがない。

次に，会計帳簿上に仕掛品を計上していないことについて説明する。

上述のとおり生産部門において毎月末の仕掛品カウントを行わないので，当然財務会計部門は仕掛品残数量を知ることはできない。そのため，会計帳簿上や原価計算上も仕掛品はないものとして記帳処理する。

その結果，完成品原価には仕掛品原価が加算されることになる。工程内の仕掛品が多い月は製造原価が高くなり，仕掛品が少ない月は製造原価が安くなる，という不合理が生じる。

【理想的な状況】

まず，実地棚卸を行わない例月においては，「月初仕掛品数量＋当月生産指示数量－当月完成品入庫数量＝月末仕掛品数量」の計算式をもって仕掛品数量を理論値として計算している。すなわち，生産指示書が発行された時点で生産部門は製造を開始しているはずであり，完成品入庫がなされていないものは「仕掛品残数量」であるという前提に基づいている。

毎月末に生産ラインを停止すると生産作業効率に悪影響があるため，例月はこの理論値をもって仕掛品残数量とし，財務会計部門に伝達する。財務会計部門は仕掛品残数量に進捗率50％を乗じて仕掛品の「完成品換算数量」を算出し，原価計算に反映させ仕掛品残高を算出する。

193

なぜ進捗率を50％とするかというと，継続的な生産が行われている場合，工程の最初にある仕掛品と最後のほうにある仕掛品の平均進捗率は50％と考えることができるからである。

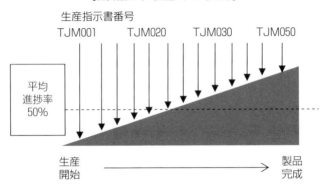

【仕掛品の平均進捗率の考え方】

　次に，半期に1度の仕掛品実地棚卸手続について説明する。

　生産管理部門は，自身が生産指示書を発行したにもかかわらずまだ完成品入庫されていない案件（例月でも把握している）をリストにまとめ，各生産現場に配賦する。生産担当者はリストに基づき仕掛品実地カウントを行う。

　この際に留意が必要なのは，生産ラインを停止しても厳密な仕掛品カウントは困難である。なぜなら，例えば完成品としてテレビを組立生産している工場において，工程の初期においてはほぼ原材料に近いバラバラの形で生産ライン上に存在するからである。生産指示書に「○○式テレビ500台」と記載されていても，テレビ500台の形はしていない。この場合，生産現場はテレビ500台分の原材料が払い出されていることを「目視」にて確認し，仕掛品リストに「500台」と記載することになる。

　生産現場が棚卸を行った結果は生産管理部門が取りまとめ，財務会計部門に回付する。財務会計部門は原価計算と仕掛品の会計計上を行う。

⑥ 販管費をコントロールする

6－1 販管費が過大

「販売費及び一般管理費については，費目別に予算を策定し，毎月予算実績対比分析を行うことにより，冗費の有無や削減策を検討する」

【コスト低減のために】

販売費及び一般管理費，中国の財務諸表に即していえば，販売費用と管理費用には，次の項目が例として挙げられる。

〈販売費用〉

営業部門人件費，旅費交通費，製商品運送費，梱包材料費，広告宣伝費　等

〈管理費用〉

管理部門人件費，福利厚生費，事務所家賃，水道光熱費，事務設備減価償却費，リース料，社用車費，接待交際費　等

これらの費用は原材料の仕入コストと異なり「数量×単価」で算定されるものではなく，また売上高に直接的に比例して発生するものではない。コスト低減のための管理手法としては，予算の策定と定期的な実績との対比分析が有効である。

【よくある問題点】

定期的な予実対比分析が適切に行われていない。その原因は，予算の策定者と実績の集計者が異なるためである。

予算策定者は日本人経営層であり，日本親会社への年度または半期の報告のために策定している。勘定科目は日本親会社の体系であり，日本国内の一般的なものとなっている。

一方の実績の集積者は中国人財務会計担当者である。事前に何も指示しなければ，中国の一般的な勘定科目体系に基づき集計（月次決算）を行う。

この状況で，予算と実績を対比すると，次の状況が生まれる。

- 予算と実績それぞれの勘定科目体系が一致しないため，対比表を作成で

きない。

- 科目組替えにより予算実績対比表を作成できたとしても，当表で算出される勘定科目別差異が発生する理由を誰も分析できない。日本人経営層は実績値がどのように集計されたか知らないし，財務会計担当者は予算がどのように策定されたかを知らないからである。

【理想的な状況】

「1－17 資金繰り予測が明確でない」において，将来の売上高予算や仕入予測を営業部門の中国人スタッフに策定してもらうことの必要性を説明した。同様に，販管費予算についても営業部門，人事総務部が作成し財務会計部門において集計してもらうことが有効である。現場の観点からどのような販管費支出が必要であるのかを検討し，これが会社全体の損益や資金繰りにどの程度の影響を与えているかを中国人スタッフにも認識してもらう。確かに経営層の観点から販管費予算を調整することは必要な場合はあるが，調整額が僅少であれば財務会計部門の中国人スタッフ，役職者はどのように予算が策定されたかのプロセスを把握することができる。

実績値については従来から財務会計部門の中国人スタッフにより集計されているので，予算実績の対比分析を行いやすくなる。差異金額について，その基となる予算を策定した部門に問い合わせれば，財務部門から差異理由を把握することができる。

なお，予算に利用する日本親会社指定の勘定科目体系と中国会計基準の勘定科目体系の不整合については，年度初めにその差異を明確にするとともに組替による整合化（組替表）を作成しておく必要がある。そのためには，日本親会社経理部が中国現地法人に出張し，日本親会社の予算勘定科目それぞれの意味を中国人財務担当者に説明，協議することが有効である。

［著者紹介］

加納　尚（かのう　ひさし）

［略歴］

1971年生まれ。同志社大学商学部卒業。1996年11月会計士補登録。2000年4月公認会計士登録。1996年朝日監査法人（現あずさ監査法人）入所。主に会計監査業務に従事。2003年同退職。欧米系大手コンサルティング会社を経て，2005年8月より中国内日系コンサルティング会社に勤務。2010年3月に独立，レイズ ビジネス コンサルティング（上海）有限公司を設立。2019年8月にレイズ ビジネス コンサルティング株式会社代表取締役に就任。

［主要業務実績］

主要業務実績としては，日系中国現地法人の財務諸表監査業務，財務デューデリジェンス業務，J-SOXに基づく内部統制構築支援業務（業務フロー，業務記述書，ＲＣＭ，規程類作成業務を含む），内部統制監査業務，日本親会社による内部監査支援業務，原価計算制度構築支援業務，ＥＲＰ導入コンサルティング業務，不正調査，不正リスクマネジメント業務，チェックリストに基づく財務会計業務評価及び改善提案業務，会計税務顧問業務。他セミナー講師多数。

［著書］

共著：上海・華東進出完全ガイド（カナリア書房）

【レイズ ビジネス コンサルティングの紹介】

中国における日系企業へのコンサルティング・サービスを提供することを目的として，2010年3月に上海にて設立。従来の生産拠点や貿易拠点といった限定的な役割から脱却し，調達・生産・販売の一連の戦略拠点として成長する日系企業の企業経営に対して，効果的なコンサルティングを提供している。

主な業務内容は，本書チェックリストに基づく財務会計業務評価及び改善提案・指導業務，J-SOXに基づく内部統制構築支援業務（業務フロー，業務記述書，ＲＣＭ，規程類作成業務を含む），内部統制監査業務，日本親会社による内部監査支援業務，不正リスク対策支援業務，原価計算制度構築支援業務，ＥＲＰ導入コンサルティング業務，財務会計税務顧問業務。
URL：www. raiseconsult. com

以　上

著者との契約により検印省略

令和元年12月30日　初　版　発　行　中国現地法人の
　　　　　　　　　　　　　　　　　利益拡大のための内部統制

　　　　　　　　　　著　者　加　納　　　尚
　　　　　　　　　　発行者　大　坪　克　行
　　　　　　　　　　印刷所　税経印刷株式会社
　　　　　　　　　　製本所　株式会社三森製本所

発 行 所　〒161-0033 東京都新宿区　株式　税務経理協会
　　　　　　下落合2丁目5番13号　会社

　　　　　　振　替 00190-2-187408　　電話　(03)3953-3301 (編集部)
　　　　　　ＦＡＸ　(03)3565-3391　　　　 (03)3953-3325 (営業部)
　　　　　　　　URL http://www.zeikei.co.jp/
　　　　　　乱丁・落丁の場合は，お取替えいたします。

Ⓒ　加納　尚 2019　　　　　　　　　　　　Printed in Japan

本書の無断複写は著作権法上での例外を除き禁じられています。複写される
場合は，そのつど事前に，(社)出版者著作権管理機構 (電話 03-3513-6969,
FAX 03-3513-6979, e-mail : info@jcopy.or.jp) の許諾を得てください。

JCOPY ＜(社)出版者著作権管理機構 委託出版物＞

ISBN978-4-419-06653-6　C3034